Cent ans de transport en commun motorisé,   1 ex   ).

aut. : _Robert Prévost_, 1918

Montréal, Les Publications Proteau,

1993, 318 p.;   rel. 6 x 9 po.

*(…à Montréal. en 50 petits chapitres)

(à partir des articles parus dans le quotidien _La Presse_,

entre le 2 sept. et le 30 octobre 1992.)

ROBERT PRÉVOST

CENT ANS
DE TRANSPORT EN COMMUN
MOTORISÉ

Les Publications Proteau

2

CANADA
Les Publications Proteau
Éditeur - Distributeur
4545, St-Denis
Montréal, (Québec) H2J 2L4
Canada
Tél.:   (514) 845-2812
            (514) 845-1654
Fax :   (514) 845-0038
            (514) 655-8235

Librairie
Les Publications Proteau
4545, St-Denis
Montréal (Québec) H2J 2L4
Canada
Tél.:   (514) 845-2812
            (514) 845-1654
Fax :   (514) 845-0038
            (514) 655-8235

BELGIQUE
ACADEMIA - ERASME
Diffuseur/Distributeur
25/115 Grand'Rue
B-1348 Louvain-la-Neuve
Tél.:   (0) 10/45 23 95-96
Fax :   (0) 10/45 44 80

FRANCE
Les Publications Proteau
Bureau Européen
73, rue de Paris
(Charenton) Paris
France
Tél.:   (1) 48 93 73 33
Fax :   (1) 43 68 68 37
Tél.:   (1) 47 90 63 02
Fax :   (1) 47 90 87 05

C.E.D.
Diffuseur - France
72, Quai des Carrières
(Charenton) Paris
France
Tél.:   (1) 43 96 46 36
Fax :   (1) 49 77 06 91

DISTIQUE
Distributeur - France
5, rue de la Taye
B.P. 65
28112 Luce
Tél.:   (16) 37 34 84 84
Fax :   (16) 37 30 78 65

Dépot légal: Quatrième trimestre 1993
Bibliothèque nationale du Canada;
Bibliothèque nationale du Québec

Prévost, Robert, 1918 -
Cent ans de transport en commun motorisé
ISBN 2 -921552-36-1

1. Transports publics - Québec (Province) - Montréal - Histoire. 2. Montréal (Québec) - Histoire - 20e siècle. 3. Tramways - Québec (Province) - Montréal - Histoire. 4. Métros - Québec (Province) - Montréal - Histoire. I. Titre.

HE4509.M8P74 1993   388.4'09714'28   C93-097151-5

Imprimé au Canada
© **Les Publications Proteau 1993**

DU MÊME AUTEUR
(depuis 1980)

La France des Québécois
Éditions internationales Alain Stanké, Montréal, 1980. 310 p., 428 ill.
Recherches en France. Grand Prix littéraire du tourisme 1980
(France).

Il y a toujours une première fois
Éditions internationales Alain Stanké, Montréal, 1984. 390 p., 557 ill.
Éphémérides.

Les Douglas de Montréal
Extrait de la revue *Le Bugey*, Belley, Ain, France, 1984. 30 p. 3 ill.
Biographies.

Québécoises d'hier et d'aujourd'hui
Éditions internationales Alain Stanké, Montréal, 1985. 239 p., 9 ill.
Biographies.

Bacchus sur nos bords
Extrait de *L'Histoire de l'alcool au Québec*, Éditions internationales
Alain Stanké, Montréal, 1986, pour la *Société des alcools du Québec*.
58 p., 51 ill. Essai.

Petit dictionnaire des citations québécoises
Éditions Libre Expression, Montréal, 1988. 262 p., 44 ill. Mots
historiques et phrases plaisantes.

Le Paris des Québécois
Éditions Libre Expression, Montréal, 1989. Prix Percy Foy de la
Société généalogique canadienne-franç.aise. 147 p., 94 ill. Guide
historico-touristique.

1690 - Une année dans la vie de la famille le Moyne
La famille Le Moyne, société historique, Pointe-au-Pic, 1990. 8 p., 7
ill. Biographies.

La France de l'Ouest des Québécois
Éditions Libre Expression, Montréal, 1990. 220 p., 161 ill. Guide
historico-touristique.

Les Montréal de France
>   Éditions Libre Expression, Montréal, 1991. 160 p., 126 ill. Guide historico-touristique.

Témoin de nos commencements - Martin Prévost - (1611-1691)
>   Éditions Archonte, Montréal, 1991. Prix Percy Foy de la Société généalogique canadienne-franç.aise. 184 p., 101 ill. Biographie.

Montréal, la folle entreprise - Chronique d'une ville
>   Éditions internationales Alain Stanké, Montréal, 1991. Prix Percy Foy de la Société historique de Montréal. 527 p., 153 ill. Monographie.

Montréal - A History
>   Traduction par Elizabeth Mueller et Robert Chodos. McClelland & Stewart, Inc., Toronto, 1993. 416 p., 153 ill. Monographie.

Portraits de familles pionnières
>   Éditions Libre Expression, Montréal, 1993. 300 p., 108 ill. Généalogie.

Cent ans de transport en commun motorisé... ça se fête!

Au moment où Montréal célébrait le 350ᵉ anniversaire de sa fondation et où l'Amérique fêtait le 500ᵉ du premier voyage de Christophe Colomb, un autre anniversaire risquait de passer inaperçu, le centenaire d'un événement qui devait en quelque sorte révolutionner la vie quotidienne des Montréalais: celui de la motorisation du transport en commun.

Bien sûr, ce furent des chevaux qui assurèrent tout d'abord les déplacements des citoyens de la bonne ville de Montréal, et c'était en soi une initiative fort appréciée, car rares étaient les familles qui possédaient leur propre équipage, et le coût de location des voitures de place constituait un luxe inabordable pour la plupart des autres.

Pendant que les braves chevaux assuraient le meilleur service possible sous l'ardeur du soleil estival et à travers les congères que les tempêtes hivernales soufflaient sur leur passage, d'astucieux inventeurs recherchaient le moyen de motoriser le transport en commun. La seule énergie à laquelle ils pouvaient recourir était la vapeur, et certains mirent au point des véhicules qui étaient des locomotives routières.

Mais ils ne parvinrent jamais à populariser leur mise en service, et pour deux raisons principales: tout d'abord, leur poids, car on peut deviner le volume de leur chaudière et la quantité de charbon qu'il fallait pour assurer leur déplacement; ensuite, le nombre restreint des voyageurs qui pouvaient y prendre place.

Il fallut attendre l'avènement de la fée électricité pour assurer la conception et l'exploitation de tramways motorisés à la fois souples et confortables.

C'est le 21 septembre 1892 que le *Rocket*, le premier tramway électrique à circuler dans les rues de Montréal, gagna spontanément la faveur des citoyens, surtout lorsque ceux-ci le virent monter à reculons la côte de la rue Amherst!

Une ère nouvelle venait de s'ouvrir. Peu à peu, les chevaux, qui donnaient du poitrail depuis trois décennies pour déplacer les Montréalais vers leur bureau ou leur *blonde*, ou les Montréalaises jusqu'au marché ou au magasin de leur choix, prirent les uns après les autres une retraite fort méritée.

Le Montréalais et la Montréalaise qui, de nos jours, bénéficient du métro n'ont aucune idée de ce que pouvaient représenter les déplacements de ceux qui, jadis, ont contribué à l'essor de cette ville qui allait devenir la métropole du Québec. Nous avons poursuivi cette recherche afin de marquer un centenaire qui risquait de demeurer sous le boisseau devant l'éblouissement des fêtes du 350ᵉ anniversaire de notre métropole.

R.P.

Tout au long de l'année 1992, le quotidien *La Presse*, pour marquer le 350ᵉ anniversaire de la fondation de Montréal, a publié une impressionnante quantité d'articles et reportages portant non seulement sur les origines, mais sur l'essor de la ville. En ce dernier cas, nulle série n'a peut-être retenu davantage l'attention que les 56 demi-pages consacrées, entre le 2 septembre et le 30 octobre, à l'inauguration et à l'évolution du transport en commun.

Le moment était bien choisi, puisque le 21 septembre 1992 marquait le centenaire de la motorisation des tramways qui, jusqu'à l'avènement du *Rocket*, devaient s'en remettre à la traction chevaline.

Devant l'intérêt suscité par cette série, nous avons jugé essentiel de lui assurer une meilleure pérennité en la présentant sous la forme d'un livre.

Nous vous en souhaitons bonne lecture.

Au seuil même de cette recherche, l'auteur tient à souligner l'aimable empressement dont a fait preuve à son endroit le personnel des Archives de la Ville de Montréal.

C'est le 1er avril 1913 que fut nommé le premier archiviste. M. P.-L.-N. Beaudry, avec mission de mettre de l'ordre dans les *oubliettes de Concordia*, comme l'on se plaisait à dire.

M. Conrad Archambault devait lui succéder dès l'année suivante. Au fil du temps, il entreprit de constituer sur une base quotidienne de précieux dossiers au moyen d'articles de journaux. Grâce à eux, on peut en quelque sorte tenir le pouls de la vie dans la cité.

Il y a un demi-siècle déjà, l'auteur de la présente série fréquentait assidûment les Archives municipales. Il a eu l'occasion de constater que le sourire et l'efficience du personnel se sont transmis à travers les décennies jusqu'à nos jours. Bravo et merci!

Robert Prévost.

Rue Saint-Denis (1927), Adrien Hébert.
Huile sur toile, 190,6 x 138,2 cm
Musée du Québec.

C'est bien connu: on n'arrête pas le progrès!

À mesure que les faubourgs se développaient, la nécessité de la mise en place d'un service de transport en commun devenait de plus en plus évidente. Un tel défi ne suscitait pas l'intérêt que des hommes d'affaires de la ville. Ainsi, le 1er novembre 1859, un certain Theodore Adams, de Harrisburg, Pennsylvanie, demandait au conseil municipal l'autorisation d'exploiter un service de tramways à traction animale dans les rues de la ville.

Or, dès le 8 décembre, une compagnie ferroviaire sollicitait semblable privilège, la *Montreal and Champlain Railroad Company*, qui s'était formée deux ans plus tôt par la fusion de deux entreprises: la *Champlain and St. Lawrence Railroad Company* qui, en 1836, avait inauguré le premier chemin de fer canadien, entre Laprairie et Saint-Jean, et la *Montreal and New York Railroad Company*, qui s'était constituée pour la construction d'une ligne allant jusqu'à la frontière des États-Unis. Jumelage fort compréhensible, car les deux entreprises poursuivaient le même objectif, mais par des moyens différents: alors que la première, dite *de portage*, avait pour but d'acheminer des marchandises jusqu'au port de Saint-Jean pour que des barges les acheminent jusqu'à New York par la rivière Richelieu, le lac Champlain et la rivière Hudson, la seconde offrait une liaison directe par rail avec la même destination en reliant sa voie au réseau d'outre-frontière.

La commission municipale de voirie recommanda, le 9 janvier (1860), que cette seconde requête fût accueillie favorablement, mais elle se ravisa. Entre-temps, des hommes d'affaires influents avaient décidé d'intervenir et, le 8 février, la commission soumettait un nouveau rapport alléguant que l'on devrait accorder le privilège à un groupe de citoyens dont l'état de fortune et la responsabilité sociale constitueraient une garantie du succès de l'entreprise. Le document mentionnait nommément: William

Molson, Sir George Simpson, John Ostell, l'honorable John Molson, Thomas Ryan, John Carter, William Macdonald, William Dow et Charles S. Pierce. Ceux-ci se proposaient de fonder un syndicat qui s'intitulerait: *The Montreal City Passenger Railway Company*.

Les autorités municipales acceptèrent cette proposition. Il faut dire que le futur conseil d'administration constituerait une sorte d'aréopage du monde montréalais des affaires. Un bref regard sur les succès financiers de ces citoyens démontre bien qu'ils étaient dignes de confiance.

La ville de New York fut sans doute la première, dès 1832, à se doter d'un service urbain de transport pour passagers. La ligne reliait la banlieue de Harlem au centre de la ville. Les rails comportaient des rainures pour retenir les jantes sur la voie, mais les roues des voitures de place et des carrosses de luxe s'y abîmaient souvent, ce qui suscitait des récriminations. Boston, puis Philadelphie suivirent bientôt l'exemple de la métropole, mais à Philadelphie, on eut recours à des rails d'une largeur de 5 pouces pesant 17 livres au pied et garnis d'un rebord dont la saillie gardait les véhicules dans l'alignement de la voie, ce qui était de beaucoup préférable aux rainures.

Étonnant taxi sur rails: un inventeur farfelu avait même songé à un tramway à passager unique et lui avait donné une forme pour le moins originale afin de ne pas effrayer les vrais chevaux.

Le premier chemin de fer urbain

Sans doute existait-il déjà, au siècle dernier, un certain degré de concurrence entre Montréal et Toronto, et si chacune des deux villes espérait posséder son système de transport en commun avant l'autre, toutes deux ont dû ressentir quelque frustration en apprenant que les lois incorporant la Compagnie de chemin de fer des rues de Toronto et la Compagnie de chemin de fer à passagers de la cité de Montréal avaient été sanctionnées le même jour, soit le 18 mai 1861. C'est qu'un même personnage animait les deux projets: l'entrepreneur Alexander Easton.

Dans le premier cas, c'est lui qui avait sollicité l'incorporation, et la compagnie comptait 3 directeurs, les 2 autres étant Alexander Blakely et Daniel Smith. Easton devait en assumer la présidence. Le conseil demeurerait au timon jusqu'au premier jour d'octobre suivant la mise en route de l'entreprise.

Nous avons constaté que le nom d'Easton ne figurait pas parmi ceux des directeurs de la compagnie montréalaise: c'est qu'il allait obtenir le contrat de construction des premières voies, puis le privilège de les exploiter à bail.

Examinons les articles de la loi incorporant la Compagnie de chemin de fer à passagers de la cité de Montréal. Le fonds social de l'entreprise sera de 300 000 piastres, réparti en actions de 50 piastres chacune. Lorsque 100 000 piastres auront été souscrites et que 20 pour cent en auront été versés, la compagnie pourra entreprendre ses opérations.

Elle est autorisée à construire, entretenir et déplacer un chemin de fer à simple ou à double voie sur et le long des rues ou grands chemins mentionnés au règlement numéro 265 de la corporation de la cité de Montréal, de même qu'à mettre en place les voies d'évitement, aiguillages et plaques tournantes nécessaires à la

Lorsqu'on parla pour la première fois de motoriser le transport en commun, l'électricité n'avait pas encore vu le jour. La vapeur demeurait la seule puissance locomotrice. On imagina alors des véhicules qui prenaient l'allure de véritables locomotives routières.

Plutôt que de recourir à des engrenages reliés à des roues motrices, on songea à des sortes de rateaux qui s'appuyaient les uns après les autres sur la chaussée pour assurer la propulsion des locomotives routières.

circulation des "chars, chariots et autres voitures, et particulièrement celles y adaptées". Elle pourra, après entente avec les
autorités municipales, prolonger ses voies ou en installer de
nouvelles. Il lui est cependant défendu de recourir à la vapeur
pour la propulsion de ses véhicules.

Il s'agit d'un chemin "à lisses", c'est-à-dire fait de bandes de
métal fixées longitudinalement à des poutres de bois. Les lisses
devront respecter le niveau des chaussées afin de ne pas nuire à
la circulation des autres véhicules et être suffisamment espacées
pour que ceux-ci puissent y rouler sans inconvénients, étant
entendu que toute voiture venant "dans la direction opposée des
chars devra laisser la voie".

Un article prévoyait que la compagnie pourrait acquérir, louer et
transférer tous les biens meubles ou immeubles nécessaires à ses
opérations.

En cette même année 1861, l'entreprise disposait d'un capital de
150 000 piastres et elle passa un contrat avec Alexandre Easton
pour la construction d'une première ligne longue de 6 milles, rue
Notre-Dame, et la fourniture de 8 tramways à traction chevaline,
le tout au coût de 79 166 piastres. C'était le 17 août.

Easton se mit au travail le 18 septembre, à partir de la rue Sainte-
Marie, près de la porte de Québec, soit à un endroit situé un peu
à l'est de la rue Bonsecours. C'est là que se trouvait la barrière
de péage de Hochelaga. La Compagnie avait certes confiance en
la parole des édiles, car c'est seulement le 1er octobre que sa
franchise lui fut accordée.

L'entrepreneur se vit confier la mise en place d'une deuxième
ligne, rue Saint-Jacques, depuis la place d'Armes jusqu'à la rue
McGill, et ce malgré des objections soulevées par des contribuables. On n'arrête pas le progrès!

Ce tableau, peint par un artiste demeuré anonyme, illustrait la carte routière du Québec en 1861 pour marquer le centenaire de l'entrée en service des premiers tramways à traction chevaline.

Pendant la belle saison, il suffisait de deux chevaux pour remorquer les tramways, car ceux-ci roulaient fer sur fer.

L'hiver, les tramways étaient fermés et l'on avait recours parfois à quatre chevaux si la chaussée se découvrait ça et là ou si des congères se formaient sur le circuit.

Deux chevaux remorquent allègrement un minuscule tramway, rue Notre-Dame, à Montréal, devant les numéros 42 et 46, où l'importateur D.-C. Brosseau offre un choix "d'épiceries, vins, liqueurs et provision" (circa 1877)

Le 23 novembre, la commission de la voirie faisait rapport sur le progrès des travaux. La voie projetée a été construite, rue Saint-Jacques, mais celle de la rue Notre-Dame n'est pas encore terminée. Le conseil municipal donne néanmoins l'autorisation d'y faire circuler des tramways. Easton exploitera ses propres rails, car il en a loué l'usage.

On avait prévu dès 1860 que le circuit de la rue Notre-Dame devrait débuter aux limites est de la ville et se prolonger jusqu'à la rue des Seigneurs. En décembre 1861, la ville autorisait la compagnie à poursuivre jusqu'à la rue Canning, puis jusqu'à la place Saint-Henri, mais, le 31 mai 1862, un problème se pose: la *Montreal and Champlain Railroad Company*, qui s'était vue refuser une franchise pour l'exploitation des tramways urbains, possédait une voie, rue Canning, et elle ne voulut pas permettre qu'une autre traversât la sienne. Y trouvait-elle l'occasion de se venger du succès de son ancienne rivale? L'affaire se régla sans heurts.

L'exploitation de ces premières lignes s'avéra sans doute lucrative car, dès le 4 juillet 1862, la compagnie mettait fin au contrat qui la liait à Easton pour gérer son propre réseau, et ses bénéfices furent rapidement supérieurs au loyer qu'elle retirait jusqu'alors.

En 1864, la compagnie versait ses premiers dividendes: ils étaient de 6 pour cent, et cela, pour une période de 6 mois.

Mais, il ne faut pas croire que la mise en service des tramways ne souleva que des applaudissements. Les cochers y voyaient une concurrence déloyale et ils allèrent jusqu'à briser les vitres des *chars*, et à Montréal comme à Toronto, il se trouva des citoyens pour protester contre le maintien du service le dimanche. Ceci se produisit notamment en 1862, 1863, 1865 et 1870. Mais les actionnaires rejetèrent chaque fois la suggestion de renoncer à la clientèle dominicale.

Des débuts prometteurs

Les Montréalais apprécièrent sans doute la commodité du transport en commun si l'on en juge par le nombre des voies que l'on mit en place au cours des premières années du nouveau service.

Dès 1860, le syndicat financier qui allait fonder l'année suivante la Compagnie des chemins de fer à passagers décida que la toute première ligne irait depuis les limites est de la ville jusqu'à la rue des Seigneurs et qu'une deuxième serait construite rue Saint-Denis, de la rue Craig à la rue Duluth. Celle-ci constituait la limite nord de la ville. Au-delà débutait la municipalité du village de la Côte-Saint-Louis, dont la partie sud devait en être détachée l'année suivante (1861) pour former le village Saint-Jean-Baptiste. Le prolongement de cette ligne n'aurait pu se réaliser sans une entente avec cette dernière municipalité.

La compagnie poussa les travaux rapidement dès l'année de sa fondation (1861). Ils débutèrent le 18 septembre, rue sainte-Marie (nom que porta jusqu'en 1880 la partie de la rue Notre-Dame s'étendant à l'est de la rue Berri), près de la porte de Québec, à un point situé un peu à l'est de la rue Bonsecours. La même année, on entreprenait la mise en place de la voie allant de la place d'Armes à la rue McGill, et le 18 décembre, l'entreprise recevait l'autorisation d'en faire autant rue Saint-Antoine, entre la rue des Seigneurs et la rue Canning, tout en prévoyant le prolongement éventuel des rails jusqu'à la place Saint-Henri. Il faudrait pour cela conclure une entente avec la municipalité de Saint-Henri, car celle-ci ne devait entrer dans le giron de Montréal qu'en 1905.

Le bilan pour l'année 1863 démontra que les promoteurs avaient bien évalué le futur succès de l'entreprise. On avait transporté 1 066 845 voyageurs au cours des 12 mois. La compagnie

Dans des conditions normales, il suffisait, l'hiver, d'atteler deux chevaux au tramway monté sur patins, comme c'était ici le cas sur le circuit Val-Royal.

entreprit dès l'année suivante un programme d'expansion, ce qui se traduisit aussitôt par un important accroissement de la clientèle: 422 000 passagers de plus qu'en 1863!

L'hiver, il fallait remiser les tramways, car la neige et la glace s'accumulaient sur la chaussée. On les remplaçait par des omnibus sur patins. On n'y trouvait aucune source de chaleur, et la seule façon d'éviter de se geler les pieds était de les enfouir dans l'épaisse couche de paille dont on garnissait les planchers.

Pendant la belle saison, les déplacements étaient certes plus agréables, mais on pouvait difficilement compter sur l'observance d'horaires. Il fallait laisser souffler les chevaux. Et puis, il n'y avait pas de points d'arrêt. Le tramway s'immobilisait pour permettre l'échange de quelques mots avec un ami, ou encore pour faire ses emplettes, mais comme des passagers dépassaient parfois la mesure alors que les autres perdaient un précieux temps, la compagnie, en 1865, défendit formellement à ses conducteurs d'attendre le retour des voyageurs qui descendaient de voiture.

Quant à l'axe sud-nord, on en entreprit la construction en 1864. L'autorisation en fut donnée le 15 juin. On avait choisi la rue Saint-Laurent plutôt que Saint-Denis. On devait prolonger cette ligne plus tard jusqu'à l'avenue Mont-Royal et, en 1884, les tramways pouvaient, par celle-ci, atteindre la rue Bleury et conduire au parc des Expositions.

Cette année 1864 en fut une de grande expansion. On mit en chantier, rue Bleury, une voie allant de la rue Craig à la rue Sainte-Catherine; elle devait être prolongée vers 1885 jusqu'au parc des Expositions. La rue Sainte-Catherine fut l'objet d'une importante décision: celle de la mise en place d'une ligne allant du chemin Papineau (ainsi que l'on désignait l'actuelle avenue de ce nom) jusqu'à la rue de la Montagne; peu à peu, les commerces qui étaient essentiellement concentrés rue Saint-Paul se dépla-

Souvent, la caisse des tramways butait contre les congères. Afin de ne pas épuiser les chevaux, on avait recours pendant les tempêtes à des omnibus surélevés (circa 1878).

Le marché à foin (circa 1852). Il se trouvait là où est situé de nos jours le square Victoria.

çaient vers la rue Sainte-Catherine avec l'accroissement de la clientèle dans ce secteur. Vers 1885, ce service fut étendu vers l'ouest jusqu'à la rue Guy pour atteindre ensuite l'avenue Green.

Mais toutes les initiatives ne reçurent pas les applaudissements des citoyens.

En cette même année 1864, on entreprit la pose de rails, rue McGill, de la rue Notre-Dame à la rue Wellington, puis dans cette dernière jusqu'à proximité du canal Lachine. Or, 4 ans plus tard, les gens habitant le secteur de la Pointe-Saint-Charles se plaignirent du mauvais service de cette ligne et demandèrent l'enlèvement des rails et le remplacement des tramways par des omnibus, ce qu'approuva le conseil municipal par voie de résolution. Ce service était relié au coeur de la ville par la rue Saint-Joseph, nom que portait alors la rue Notre-Dame à l'ouest de la rue McGill. Mais, en 1885, on réinstallait des rails, rues McGill et Wellington, jusqu'à la rue Richmond.

En 1861, le bureau principal de la compagnie était situé à l'angle de la rue Craig et de la côte de la Place-d'Armes. Deux ans plus tard, on le transportait au terminus de la ligne, à Hochelaga. On inaugura ensuite de nouveaux locaux au premier endroit, où l'on construisit un édifice qui abrita les bureaux jusqu'en 1929. Détail étonnant: on versa tout d'abord aux cochers un salaire de 30,00$ par mois; on le ramena à 25,00$, puis à 20,00$. Ce n'était pourtant pas parce que la compagnie végétait: en 1874, elle possédait déjà 317 chevaux et une trentaine de véhicules. Deux ans plus tard, elle se dotait de vastes écuries à Saint-Henri.

Le monopole de la Compagnie de chemin de fer à passagers fut menacé par d'autres entreprises. Elle n'avait tout d'abord obtenu que le privilège de faire circuler des voitures sur rails ou sur patins, mais il lui fallait parfois recourir à un autre genre de véhicule, notamment au cours de la période de transition par laquelle le printemps succède à l'hiver. Il s'agissait d'omnibus,

S'il survenait une tempête, on attelait une troisième bête devant les autres. Les conditions empiraient-elles? Il fallait recourir à un quatrième cheval.

Omnibus-sleigh remorqué par quatre chevaux dans une tempête de neige au square Victoria, à Montréal (circa 1879).

Attelage peinant sur la ligne Craig/Saint-Antoine (circa 1870).

dont la caisse était juchée sur des essieux garnis de grandes roues. La taille de celles-ci permettait de vaincre les ornières en attendant la disparition de la glace.

Au cours de la session de décembre 1873/janvier 1874, la compagnie faisait adopter un amendement à sa charte lui permettant d'accroître son capital de 700 000$, de même que de "posséder et louer dans la cité de Montréal des omnibus et d'autres véhicules de transport public".

L'annonce de cette démarche auprès de la législature avait peut-être retenu l'attention de certains hommes d'affaires en leur inspirant l'idée de concurrencer le service déjà établi. Au cours de la même session s'effectua l'incorporation de deux nouvelles raisons sociales. Tout d'abord, la Compagnie des omnibus de Montréal, que lançaient 5 citoyens avec un capital plutôt maigre de 50 000$: MM. Robert Kerr, L.-H. Héneault, William Almour, L. Desrosiers et Charles Desmarteaux; objectif: "faire circuler des véhicules pour passagers dans la cité et la paroisse de Montréal suivant un tarif à établir". L'autre, la Compagnie des omnibus et de transport de Montréal, offrait de meilleures garanties de succès, avec un capital de 300 000$; ses directeurs, au nombre desquels figuraient MM. William McNaughton, John O'Gilvie, Samuel Waddle, Henry Hogan et Nathan Benjamin, ne songeaient pas qu'à mettre des omnibus en service, mais aussi des voitures et des sleighs pour le transport des bagages, effets et denrées.

L'archiviste É.-Z. Massicotte, qui a eu l'occasion d'examiner un ticket émis par cette dernière entreprise, a constaté qu'il était aux couleurs du drapeau des Patriotes de 1837-38: rouge, blanc et vert. Sur le tiers central se détachait un omnibus attelé de chevaux fringants. Mais la compagnie ne demeura pas longtemps en service: celle des chemins de fer à passagers l'absorba.

En hiver, les conducteurs de chevaux n'avaient pas la vie facile. Ils étaient juchés sur le devant du véhicule, exposés au vent, à la

Aspect du square Phillips en 1882. Un tramway à traction animale vient de passer devant la cathédrale Christ Church.

neige et au verglas. Comme les passagers entraient dans le tramway et en sortaient par l'arrière, c'est là que se tenait le percepteur de billets, et il communiquait avec son collègue au moyen d'un cordon fixé à la cheville droite de celui-ci: un seul coup signifiait qu'un passager voulait descendre, et 2 coups consécutifs, qu'un autre voulait monter!

L'été, non seulement le conducteur devait-il subir des pluies diluviennes, mais il lui fallait remettre son tramway sur les rails s'il quittait la voie, ce qui arrivait assez souvent. La compagnie disposait à cette fin de longues tiges de métal sur le parcours, et les passagers ne se faisaient pas prier pour donner un coup de main.

Il suffisait généralement de 2 chevaux pour remorquer un tramway, mais il fallait les assister de 2 autres pour gravir la côte de la rue Bleury ou celle de la rue Saint-Denis. Et à la sortie des employés de bureau et des ouvriers d'usine, alors que le nombre des passagers atteignait parfois la centaine, il fallait ajouter une troisième paire de chevaux.

Sur certains parcours suffisamment longs, on avait recours, pendant la belle saison, à des véhicules à impériale, ce qui permettait de prendre l'air, de regarder déambuler les piétons et, aux messieurs, de fumer sans risquer d'asphyxier les dames. C'était notamment le cas rues Sainte-Catherine et Notre-Dame.

Il fut une époque où la compagnie possédait plus de 1 200 chevaux; ils consommaient 700 minots d'avoine par jour. Bien que les bêtes ne fussent jamais plus que 3 heures consécutives au travail, on en crevait une bonne cinquantaine annuellement.

Il y a quelques dizaines d'années, les aînés s'en souviennent, il fallait déposer 2 tickets dans la boîte à perception si l'on montait dans un tramway après minuit. L'idée n'était pas nouvelle. Quand le tarif était de 5 cents, à l'époque de la traction chevaline, on ne manquait pas de placer 2 ou 3 voitures devant le théâtre Royal, rue Côté, pour cueillir les habitués à la sortie et pour les conduire vers l'ouest, rue Sainte-Catherine, jusqu'à la rue Green, mais ces *richards* devaient payer double tarif.

La Compagnie de chemin de fer à passagers de la cité de Montréal ne connut pour ainsi dire aucune concurrence, sauf en 1873, lorsque la *City Omnibus Company* obtint une charte, mais la première acheta la seconde deux ans plus tard.

En 1877, l'entreprise connut quelques embarras financiers découlant d'une trop importante dette flottante. De nouveaux administrateurs redressèrent la situation sous la présidence de John Crawford.

La place Jacques-Cartier en 1882. Rue Notre-Dame, un tramway à impériale s'apprête à passer devant l'hôtel de ville.

Également rue Notre-Dame, un autre tramway à impériale vient de passer devant l'église Notre-Dame (circa 1882).

Le réseau étend ses tentacules

L'étendue du réseau de la Compagnie de chemin de fer à passagers continua de s'accroître rapidement. L'importance des étables de la rue Côté exigea en 1879 la mise en place d'une voie y conduisant depuis la rue Craig. En fait, il s'agissait de la rue Cotté, qui avait été ouverte en 1801 sur la ferme d'un citoyen fortuné, Gabriel Cotté, mais l'épellation fut déformée par l'usage.

Les autorités municipales instituèrent une sous-commission chargée d'étudier le fonctionnement, à l'étranger, des systèmes de tramways à traction animale. Elle fit rapport le 31 octobre 1881 et formula une recommandation: la municipalisation. La ville aurait avantage à posséder les voies proprement dites et à les entretenir, tout en confiant l'exploitation des voitures au soumissionnaire qui offrirait la somme d'argent la plus élevée pour l'obtention de la franchise. Le dossier n'alla pas plus loin.

Le prolongement des voies existantes continua. En 1885, à la suite d'une entente avec le village Saint-Jean-Baptiste, que Montréal devait annexer l'année suivante, on posa des rails rue Saint-Denis jusqu'à l'avenue du Mont-Royal; ils n'allaient jusque là qu'à la rue Duluth. Il fallut attendre 8 ans pour allonger la voie jusqu'à la rue de Fleurimont, avec l'autorisation du conseil municipal de la Côte-Saint-Louis, qui approuva le projet le 27 septembre 1893. À peine plus de 2 mois plus tard, ce village s'annexait à son tour à Montréal.

À cette époque, le canal Lachine constituait un obstacle au prolongement des lignes. En 1885, la compagnie obtenait le privilège de poser des rails, rue Wellington, depuis le canal jusqu'à la voie ferrée du Grand-Tronc et, à partir de celle-ci, jusqu'à la rue Charlevoix, mais à la condition qu'autorisation fût obtenue d'en installer soit sur le pont Wellington, soit dans le tunnel que l'on envisageait de creuser. En attendant cette autorisation, la compagnie devait mettre des omnibus en service de l'autre côté du canal et prendre les passagers, si possible, là où s'arrêtaient les tramways.

En 1885, également, la rue Ontario est dotée d'une voie, depuis la rue Saint-Charles-Borrom ée (ci-après rue Clarke) jusqu'à l'avenue Papineau, de même que la rue Windsor, entre les rues Saint-Jacques et Sainte-Catherine.

L'année suivante, la compagnie s'entend avec les villes de Sainte-Cunégonde et de Saint-Henri pour la pose de rails rue Saint-Jacques et Upper Lachine Road, depuis la place Saint-Henri jusqu'à la rue Saint-Rémi. Rappelons que l'ancien chemin appelé Upper Lachine Road débutait à Saint-Henri, traversait Notre-Dame-de-Grâce en suivant la crête de la falaise qui dominait jadis la rivière Saint-Pierre et au pied de laquelle se déploie de nos jours une vaste cour de triage ferroviaire et rejoignait le Lower Lachine Road, qui conduisait vers les rapides de Lachine.

La même année (1886), la compagnie allongeait ses rails, rue Craig, entre les rues Saint-Denis et Saint-François-Xavier, et le 21 juin sa charte était amendée sous une nouvelle raison sociale: la Compagnie de chemin de fer à passagers de Montréal serait dès lors connue comme la Compagnie de chemin de fer urbain de Montréal.

Le 22 juin, on terminait la mise en place de nouveaux rails, rue Sainte-Catherine, jusqu'à la rue Guy. Le dimanche précédent, le réseau avait transporté 23 000 passagers et on annonçait l'entrée en service toute prochaine, rues Sainte-Catherine et Craig, de deux nouvelles voitures construites aux ateliers J.M. Jones & Sons, à Troy, N.Y. Un mois plus tard, on termine la construction de la première voie double, rues Saint-Laurent, Craig et Sainte-Catherine.

Mais tout cela ne se fait pas sans quelques heurts. Rues Craig et Saint-Antoine, l'état des voies semble s'être détérioré. Le 6 septembre (1886), le tramway n° 38 doit attendre 12 minutes, à l'extrémité ouest de la rue Saint-Antoine, où se trouve un aiguillage, près de la rue Versailles. Le préposé veut ensuite reprendre le temps perdu et il lance son *bolide* avec une telle impétuosité que celui-ci déraille à deux reprises entre les rues de la Montagne et de la Cathédrale, heurtant la seconde fois un fiacre qui transportait deux passagères. Elles en furent quittes pour une fort compréhensible frayeur.

Pour terminer l'année, on met en route la construction d'une nouvelle voie, rue Saint-Jacques, entre la côte Saint-Lambert et la place d'Armes.

La compagnie ne prévoit sûrement pas l'avènement prochain de la fée électricité dans le transport en commun. En effet, le 6 janvier 1887, elle entreprend la construction, à l'angle des rues Chenneville et Vitré, d'une vaste écurie pouvant abriter pas moins de 400 chevaux assurant la traction des tramways sur les rues Saint-Laurent, Sainte-Catherine (ouest), Craig, Saint-Antoine, Saint-Denis, de même que sur la ligne de Pointe-Saint-Charles et les nouvelles voies de la rue Ontario. Notons qu'il existait deux autres écuries, l'une à Hochelaga et l'autre à Saint-Henri.

Veut-on avoir une idée de ce qu'était à l'époque un circuit ferroviaire urbain? Celui du district n° 1 en est une illustration: il traversait complètement le territoire de la ville d'est en ouest et retour (1887). Les tramways partaient de la limite est et, par la rue Notre-Dame, la côte Saint-Lambert (tronçon actuel de la rue Saint-Laurent entre les rues Saint-Antoine et Saint-Jacques), les rues Saint-Jacques et Notre-Dame, atteignaient la limite ouest. Au retour, ils empruntaient la rue Saint-Antoine via les rues Windsor et Fulford.

La compagnie fait appel à une entreprise locale pour la construction de ses voitures, les ateliers N.-C. Larivière, de la rue Saint-Antoine. Le 2 juin 1886, deux *attrayants chars neufs* en sortent, au coût de 750$ chacun. Il est vrai que, l'année suivante, elle en reçoit 4 fabriqués à Troy, dans l'état de New York, mais au même moment, il y en a d'autres en cours de fabrication chez Larivière: 8 tramways fermés, 6 ouverts et 12 omnibus, et cette entreprise reçoit commande pour 3 sleighs, des voitures sur patins. On compte acheter 250 chevaux pour améliorer le service.

À l'automne de 1887, on creuse une tranchée tout au long de la remise à tramways de la rue Côté afin d'y installer une plate-forme roulante au moyen de laquelle il sera plus facile de déplacer les voitures.

La compagnie poursuit son expansion. Le 14 octobre 1887, elle exploite une nouvelle ligne, rue Wellington, jusqu'au pont du canal Lachine. De là, des omnibus conduiront les passagers jusqu'à la Pointe-Saint-Charles.

La ville reçoit des sommes intéressantes découlant du transport urbain et elle y prend goût. En 1888, elle veut taxer chacun des chevaux à raison de 2,50$, mais la compagnie rétorque que selon sa charte, elle n'est obligée d'acquérir des permis que pour ses véhicules et les conducteurs des attelages.

Le personnel demeure fort courtois et n'a pas toujours abandonné ses habitudes. Le 25 octobre 1889, un journal rapporte une anecdote qui le confirme. "La compagnie de tramway a enfin entrepris de servir le public de façon originale et caractéristique, signalait-il. Hier après-midi, un tramway bleu en service rue Sainte-Catherine s'est arrêté à l'angle de la rue Drummond pour permettre à une passagère de s'acheter des provisions à une épicerie, et elle a réintégré le tramway. Pendant ce temps, quelque 25 voyageurs attendaient patiemment".

Un tramway à impériale vient de passer devant l'édifice des lithographes Burland-Desbarats. On distingue, à l'extrême droite, l'escalier conduisant à l'impériale (circa 1876).

L'un de ceux qui, à cette époque, s'intéressaient le plus au transport en commun était l'échevin Raymond Préfontaine. Tout d'abord maire de la ville de Hochelaga, il avait énergiquement travaillé à l'annexion de celle-ci à Montréal, puis avait été élu au conseil de ville. En 1889, il y présidait le comité des chemins et prônait le recours à l'électricité pour la circulation des tramways. Ainsi, peu avant la fin de novembre 1889, il se rendait à New York pour y voir les plus récentes améliorations aux voies élevées sur lesquelles se déplaçaient des tramways à câble. Il espérait intéresser des hommes d'affaires montréalais à investir dans un tel système. Il devait être maire de la ville de 1898 à 1901.

Même si sa clientèle ne cesse d'augmenter, la compagnie se dit en mauvaise posture financière. À la mi-mars 1890, elle verse à la ville, sous protêt, une somme de 8 000$ en paiement d'un compte de taxe se rapportant à ses 2 plus récentes années financières. Elle dit connaître des difficultés qui ne se présentent pas ailleurs. Il lui faut posséder des tramways, des sleighs et des omnibus, alors que ceux-ci ne servent que quelques jours, au printemps, alors qu'il est trop tard pour continuer à utiliser des sleighs et trop tôt pour remettre en service les tramways circulant sur rails, et encore ceux-ci ne peuvent-ils fonctionner que 7 mois par année. Elle est donc dans l'obligation de supporter le manque à gagner découlant du capital immobilisé dans l'équipement non utilisé pendant 3 périodes de l'année. Il est vrai que, générale-ment, il suffit de 2 chevaux pour remorquer un tramway, mais il en faut 8 ou 10 pour assurer la continuité du service tout le long du jour.

La construction de nouvelles voies et leur raccordement aux existantes continua au même rythme au cours des années suivan-tes. L'un des voeux émis par le conseil municipal étonne au premier abord: le 11 août 1890, il pressait la compagnie de mettre en place une voie double entre la prison et la station de Hochela-ga. C'est au moyen d'un tramway cellulaire que l'on transportait de la prison au palais de justice les détenus en attente de leur

Ce dessin illustrant un tramway de jadis à Washington et publié par la revue *Smithsonian* en 1976 regroupe d'importantes personnalités. De gauche à droite, à l'intérieur, Spencer F. Baird, secrétaire adjoint du réputé *Smithsonian Institute,* Edward Miner Gallaudet, co-fondateur du collège de ce nom, le secrétaire à l'Intérieur Carl Schurz, le secrétaire à la Guerre Robert Todd Lincoln; le conducteur n'était autre que Robert Truad, alors conservateur des imprimés et des photos à la Société historique Columbia.

Rue Bleury, à Montréal, à l'heure de pointe, un tramway où les passagers s'entassent déjà comme des sardines.

procès ou du prononcé de leur sentence. D'ailleurs, on allait procéder de la même façon à partir de la nouvelle prison construire sur le territoire de la petite municipalité de Bordeaux annexée à Montréal en 1910.

Le terminus de la ligne de Bordeaux était situé rue Poincarré, à proximité du boulevard Gouin. Lorsqu'il se mettait en route en direction sud pour rallier la rue Kelly (l'actuel boulevard Henri-Bourassa), le tramway esquissait 4 virages afin de contourner les terres sur lesquelles la geôle avait été érigée. Une voie de garage se détachait, conduisant à une forte double barrière qui s'ouvrait sur la cour intérieure de la prison. Et c'est ainsi que, soir et matin, les jours où la cour siégeait, un tramway cellulaire cueillait les détenus pour les conduire devant le juge et les ramenait en fin d'après-midi à leur *domicile* carcéral. Nous en reparlerons.

En 1880, le conseil municipal invite la *compagnie des chars urbains*, ainsi qu'on la désignait populairement, à réduire à 4 cents le prix du passage entre 6 et 8 heures et entre 18 et 20 heures, dans le but de favoriser la classe ouvrière, ce qu'elle accepta. Cette mesure illustre la longueur des journées de travail à cette époque.

La population trouvait malgré tout le temps de profiter de loisirs, et les terrains de l'exposition offraient l'occasion de les meubler. Au cours de l'été de 1878, le gouvernement provincial inaugurait une grande exposition agricole et industrielle dans le quadrilatère situé entre le boulevard Saint-Joseph et l'avenue du Mont-Royal et bordé par l'avenue du Parc et la rue Saint-Urbain. On y avait érigé plusieurs bâtisses où les citadins pouvaient admirer les plus récents produits des manufactures de même que les plus beaux animaux de la ferme, dont certains venaient de l'Ontario et des États-Unis.

Mais pour assurer la popularité d'une telle entreprise, il faut lui jumeler un terrain d'amusements. Aussi la ville permet-elle à la

Au printemps, quand la fonte de la neige découvrait ici et là le pavé, mais que la glace continuait de recouvrir les rails, on avait recours à des omnibus juchés sur des roues à fort diamètre.

province d'en aménager un sur une partie de la ferme Fletcher, le parc Jeanne-Mance de nos jours, tout de suite au sud de l'avenue du Mont-Royal. On y établit une piste de trois quarts de mille de longueur pour chevaux de courses, avec une grande estrade adossée à cette dernière avenue. Ce terrain, où l'on pouvait pique-niquer et s'adonner à des jeux, recevait parfois la visite des grands cirques de l'heure, Barnum & Bailey, Ringling Brothers et autres. Un passage élevé jeté par-dessus l'avenue du Mont-Royal, près de l'avenue du Parc, le reliait à celui de l'exposition, dont le principal attrait était le fameux Palais de cristal, qui brillait de mille feux. On l'avait tout d'abord construit rue Sainte-Catherine à l'occasion de la visite du prince de Galles, le futur Édouard VII, venu à Montréal en 1860 pour l'inauguration du pont Victoria. On l'avait ensuite démoli avec soin et réédifié sur le terrain de l'exposition. C'était un immeuble remarquable, de conception hardie pour l'époque: un toit arrondi, complètement vitré, en coiffait tout le corps central.

Il y avait un grand concours de citadins au pied du mont Royal, les beaux jours d'été, et il fallut bientôt améliorer le service des tramways, car ceux-ci n'utilisaient qu'une seule ligne, aller et retour, ce qui exigeait parfois de longues attentes aux aiguillages. La compagnie installa de nouveaux rails pour permettre un circuit ayant la forme du chiffre 8, lui affecta 4 voitures, 2 ouvertes et 2 couvertes, et consacra 10 000$ à l'achat de chevaux.

Bientôt, il exista des croisements de lignes, ici et là, ce qui était source d'inconfort quand les tramways franchissaient une voie transversale. Les chevaux se fatiguent, rapportait *La Minerve*, les cochers jurent, les essieux se tordent et les passagers craignent que les voitures se renversent.

La liaison Montréal/Longueuil

Pendant beaucoup d'années, on eut recours à des moyens de fortune pour franchir le Saint-Laurent entre Montréal et Longueuil. L'été, on s'en remettait à de solides rameurs. L'hiver, la carapace glacée du fleuve permettait le balisage d'un chemin. Les fermiers de la rive sud parvenaient non sans peine à vendre leurs produits, place Jacques-Cartier, puis au marché Bonsecours.

On finit par avoir recours à des passeurs à manège, dont les roues à aubes étaient mues par des chevaux que la vapeur devait remplacer.

Quand survint le transport ferroviaire, le Grand-Tronc construisit le pont Victoria dont la voie unique franchissait le fleuve dans un passage complètement fermé: des orifices percés dans le toit laissaient s'échapper la vapeur des locomotives. La compagnie refusa à ses concurrents les privilège de faire passer leurs trains sur cette structure, qui avait exigé de lourds investissements.

Pendant la saison froide, on ne pouvait utiliser des passeurs pour le transport des convois depuis Hochelaga jusqu'à Longueuil. Un homme d'affaires entreprenant, Louis-Adélard Sénécal, eut l'idée de poser des rails sur la glace. On inaugura la voie à la fin de janvier 1880. L'expérience fut renouvelée au cours des deux hivers suivants. Une locomotive s'enfonça à travers la glace, sans perte de vie cependant. On abandonna cette formule quand une entente fut conclue avec le Grand-Tronc.

On parlait depuis quelques années de la construction d'un pont qui s'appuierait sur l'île Sainte-Hélène, mais le projet se heurtait à deux difficultés. Tout d'abord, la nécessité d'élever suffisamment la structure pour permettre le passage des vapeurs vers le port. Ensuite, la crainte en certains milieux que ce deuxième lien entre les deux rives ne favorisât l'essor de l'est de la ville au détriment de l'ouest.

En 1876, *L'Opinion Publique* (17 et 24 février) présentait à ses lecteurs un projet de taille: le pont Royal-Albert. Long de 15 500 pieds (4,72 km), il débutait à la hauteur de la rue Sherbrooke afin de lui permettre de passer à 130 pieds (40 mètres) au-dessus du niveau des eaux d'été. Il devait comporter 61 arches, la plus importante, enjambant le chenal principal, ayant une longueur de 550 pieds (167,63 mètres).

Le Royal-Albert aurait reçu 6 chaussées réparties sur 2 niveaux. Sur le palier supérieur, une voie ferroviaire simple pour les trains et 2 chaussées réservées aux fiacres et autres voitures légères; sur l'inférieur, 2 chaussées réservées aux véhicules de transport et un passage comportant "deux rangées de lisses pour les chars urbains", ce qui illustre bien l'attention que l'on accordait à la nécessité d'assurer un service de tramways entre Montréal et Longueuil. Les ingénieurs avaient prévu la construction d'une voie d'évitement dans l'île Sainte-Hélène pour y permettre la rencontre des trains. Ils se proposaient de doter aussi le pont de passerelles pour piétons. C'est tout d'abord là que l'on avait songé à construire le pont Victoria, mais le génie ne permettait pas encore, en 1860, de concevoir une arche suffisamment longue pour franchir le chenal qu'empruntaient les transatlantiques. Coût estimé: 5 000 000$.

Vers 1880, on parle d'un tunnel, et le projet est certainement sérieux, car il a pour principal promoteur un constructeur de chemin de fer, Louis-Adélard Sénécal, celui-là même qui avait eu l'audace de poser des rails sur la glace du Saint-Laurent. Il s'était entouré d'administrateurs connus, dont Raymond Préfontaine, député de Chambly, futur ministre de la Marine et des Pêcheries et futur maire de Montréal (1898-1901).

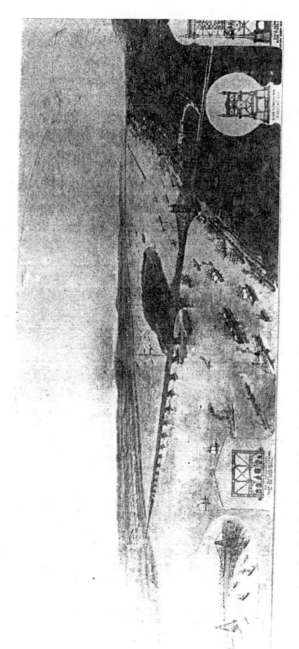

Le projet mis de l'avant en 1902. On avait prévu une bifurcation à partir de l'île Ronde pour éviter de franchir le chenal maritime.

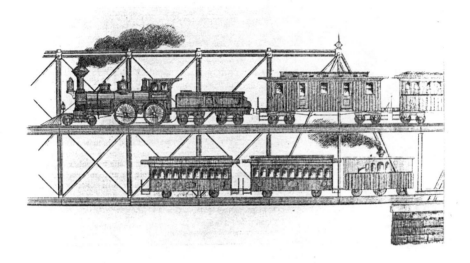

Le pont Royal-Albert, dont on proposa la construction en 1876, devait franchir le fleuve à la hauteur de l'île Sainte-Hélène. Notez la *cage,* imposant radeau de poutres de bois, passant sous l'une de ses arches.

Ci-dessous: non seulement les trains, mais aussi les tramways auraient dû recourir à la vapeur.

Le passage sera percé dans le roc, à une dizaine de pieds sous le lit du fleuve, depuis la rue Craig jusqu'à l'île Sainte-Hélène, d'où un pont conduira à Longueuil. De cette façon, on fera échec au problème du chenal maritime. Mais Sénécal décéda en 1887. Lorsqu'en 1902, l'idée d'un tunnel fut reprise, *L'album Universel* (numéro du 3 mai) consacra une page à ce personnage. "Ce que nous connaissons de l'homme, de sa promptitude dans l'initiative, de sa détermination dans l'effort, de son habileté dans l'exécution, y lit-on, nous convainc que sans la mort qui l'a enlevé en 1887, à l'âge de cinquante-huit ans seulement, nous l'aurions à l'heure qu'il est ce tunnel dont il avait la charte et qu'en certains quartiers on semble considérer comme un projet irréalisable."

Était-ce le sentiment de *L'Opinion Publique*? En 1880 (numéro du 29 juillet), cet hebdomadaire consacrait déjà une double caricature au tunnel sous le titre de "Le rêve et la réalité". Endormi sur la berge, un citoyen *voit* rouler un train sous le fleuve entre Hochelaga et Longueuil; au réveil, il n'aperçoit plus que des bateaux.

Vers la fin du siècle, on résolut de reconstruire le pont Victoria, qui ne possédait toujours qu'une seule voie ferrée. On procéda à son élargissement de chaque côté de celle-ci, afin de ne pas suspendre la circulation. C'est le prince de Galles, le futur George V, qui inaugura la nouvelle structure en 1901. On y avait prévu le passage des tramways électriques. Nous en parlons ailleurs.

Le projet d'un pont dans l'est de la ville n'avait pas pour autant été abandonné. En 1902, la *Montreal and St. Lawrence Bridge Co.* formulait une demande de charte auprès du gouvernement fédéral. Il existait alors trois projets: deux pour la construction d'un pont et un pour le percement d'un tunnel. Invité à dire laquelle des formules il privilégiait, le président du comité des chemins de fer de la Chambre des Communes, M. Andrew George Blair, ministre des Chemins de fer et canaux, assisté de

Le projet d'un tunnel entre Montréal et Longueuil, amorcé dès 1880, refit surface en 1902, mais son initiateur, Louis-Adélard Sénécal, était disparu.

L'*entrepreneurship* est un néologisme récemment entré dans le vocabulaire des Québécoises et des Québécois qui ont la hardiesse, l'audace de relever des défis, contribuant ainsi à propulser le Québec vers le XXIe siècle.

Ils ont eu un précurseur qui, il y aura bientôt cent ans, leur indiquait la voie: Louis Adélard Sénécal.

Tout d'abord modeste marchand de campagne, l'avenir prometteur des communications ferroviaires retint son attention. Il devait contribuer à la construction de plusieurs lignes. C'est lui qui osa réaliser le projet d'un chemin de fer sur la glace entre Hochelaga et Longueuil, pour tenter de faire échec au Grand-Tronc, qui refusait le passage sur le pont Victoria de trains de compagnies rivales.

Avant de disparaître, il s'était fait le promoteur du percement d'un tunnel sous le Saint-Laurent. "Ce que nous connaissons de l'homme nous convainct que sans sa mort, nous l'aurions à l'heure qu'il est ce tunnel dont il avait la charte," concluait *L'Album Universel* en 1902.

Il fallut attendre l'avènement du métro pour voir ce grand projet se réaliser.

M. Joseph-Israël Tarte, ministre des Travaux publics, déclara que son principal souci était de s'assurer que la navigation vers le port ne serait en aucune façon perturbée.

Le projet de loi est à deux volets. Il propose tout d'abord un pont à haut niveau entre Longueuil et le quartier Sainte-Marie, s'appuyant sur l'île Ronde, située tout de suite en amont de l'île Sainte-Hélène; coût prévu: de 9 à 10 millions de dollars. La travée principale enjambant le chenal maritime sera suffisamment altière pour permettre le passage des océaniques; elle a un profil très semblable à celui que présentera plus tard le pont de Québec.

Au cas où ce plan serait rejeté, les promoteurs en proposent un autre. La partie de la structure entre Longueuil et l'île Ronde serait semblable à celle prévue au projet précédent, mais, dans l'île Ronde, il y aurait bifurcation vers l'ouest jusqu'à l'île Sainte-Hélène, d'où un autre pont passerait au-dessus du canal Lachine pour toucher Montréal dans l'axe de la rue McGill. Les vaisseaux empruntant le canal n'ayant pas la taille des océaniques, les travées seraient moins élevées que dans le premier cas et le coût du pont ne serait que d'environ 4 000 000$.

Les plans présentés prévoyaient trois voies doubles: l'une pour les trains, la deuxième pour des tramways et la troisième destinée aux voitures ordinaires. Un trottoir de 12 pieds devait courir de chaque côté de la structure.

Même si les promoteurs ne sollicitaient aucune subvention et si la *Dominion Securities Co.* se disait prête à financer l'entreprise, le projet demeura dans les cartons.

C'est seulement en 1930 que fut inauguré le pont du Havre, qui devait recevoir quatre ans plus tard le nom de Jacques-Cartier, à l'occasion du 400e anniversaire de la prise de possession du

Caricature sur un projet de tunnel entre Hochelaga et Longueuil: le rêve et la réalité (circa 1880).

L'hiver, c'est au trot, sur des ponts de glace balisés, que les diligences franchissaient le fleuve. À côté du conducteur des chevaux, un sonneur de trompette réclamait la passage. Cette diligence assurait le service entre Montréal, d'une part, et les villages de Laprairie, Saint-Philippe et Napierville, d'autre part (circa 1887).

Aux solides rameurs qui assuraient le passage entre Montréal et Longueuil se substituèrent des traversiers motorisés lorsque la clientèle devint suffisante. Ce dessin datant de 1882 nous montre l'un de ces passeurs, mû par des roues à aubes, filant à toute vapeur dans le courant Sainte-Marie.

Canada. L'altière structure comportait non seulement une chaussée pour autos, camions et autres véhicules, mais également deux corridors que l'on réservait à l'intention de tramways; après une vingtaine d'années, cependant, ils servirent à l'élargissement de la chaussée.

Mais le rêve d'un tunnel ne se concrétisa qu'avec le percement du métropolitain. En 1965, les deux équipes chargées de l'entreprise se rencontrèrent sous le fleuve Saint-Laurent. Au moyen de camions, les membres du comité exécutif de Montréal et les administrateurs de l'Expo 67, accompagnés de nombreux journalistes, empruntèrent le passage souterrain pour marquer cette importante étape. Quelques heures plus tard, une paroi s'effondrait là même où les invités s'étaient réunis!

Avec l'inauguration officielle du métro, les villes de Montréal et de Longueuil furent enfin dotées d'une liaison fiable et confortable.

Les problèmes techniques de la motorisation

Dès 1883, les Montréalais songeaient à la motorisation. *La Minerve* du 20 mars de cette année-là abordait la question après avoir mentionné l'inconfort des passagers quand une voie en franchissait une autre, et il s'avérait d'autant plus urgent de trouver une solution au problème, au moment où la compagnie s'apprêtait, écrivait-elle, à doubler, même à tripler le service sur certains circuits. "Les chevaux se fatiguent, rapportait le journal, les cochers jurent, les passagers craignent que les voitures se renversent, les essieux se tordent." À Chicago, on n'utilisait plus les chevaux que sur un dixième de la longueur des circuits; il en était ainsi à San Francisco et New York s'apprêtait à en faire autant.

Le journal s'émerveillait d'une nouvelle technique de motorisation. Il s'agissait d'une chaîne sans fin, d'un pouce de diamètre, se déplaçant dans une sorte de tube. Celui-ci comportait une rainure sur le côté, dans laquelle pénétrait un levier à l'extrémité garnie d'une pince, boulonné au véhicule. Un moteur fixe assurait à la chaîne un mouvement constant. Il suffisait au préposé de serrer mécaniquement cette pince sur le câble pour assurer la mise en marche du véhicule, et de la desserrer tout en freinant pour l'immobiliser.

Mais le journal n'expliquait pas comment les tubes s'entrecroisaient à la rencontre de deux voies et reconnaissait qu'avec nos "carnavalesques hivers", on ne pourrait pas, de toute façon, se passer de chevaux.

Huit ans plus tard surgissait le tramway mû à l'électricité.

Commodité et inconfort du transport en commun

On peut difficilement imaginer ce qu'était la ville de Montréal il y a un siècle. Nous mentionnons ailleurs que, rue Sainte-Catherine, la voie des tramways avait été prolongée, vers 1885, jusqu'à la rue Guy, pour atteindre un peu plus tard l'avenue Greene. En 1957, un vénérable citoyen, M. L.D.H. Sutherland, évoquait de pittoresques souvenirs à un journaliste de *The Gazette*, M. Edgar Andrew Collard, au sujet des *p'tits chars à chevaux*, qu'il empruntait pour aller cueillir des framboises dans les champs... avenue Greene!

La famille habitait au centre de la ville et la nurse conduisait souvent les enfants jusqu'au square Dominion pour y prendre leurs ébats. Il n'y avait encore aucune statue dans ce parc urbain, mais seulement 2 canons au sud de la rue Dorchester (actuel boulevard René-Lévesque). C'est seulement en 1895 qu'on y dévoila celle de John A. Macdonald.

De temps à autre, on allait en pique-nique à l'avenue Greene avec des paniers où trônaient des bouteilles de boisson gazeuse au gingembre, la fameuse *ginger ale* de Gurd. "On s'y rendait par tramway à traction chevaline, rappelait M. Sutherland. Ces véhicules étaient ouverts d'un côté et dotés de sièges disposés en travers. Le conducteur se déplaçait sur une marche longitudinale qui courait tout le long du tramway pour la perception du droit de passage, que l'on acquittait en pièces sonnantes. Chaque fois que des passagers montaient, il tirait une corde qui inscrivait consécutivement leur nombre sur un appareil à enregistrer, et s'y adonnait parfois avec tant de rapidité que l'on ne pouvait vérifier l'exactitude de ses interventions. Les méchantes langues prétendaient que certains employés trouvaient là une façon d'accroître leurs revenus."

Deux chevaux de ferme remorquaient le tramway à une *vitesse* de 5 milles à l'heure... entre les arrêts. Il s'agissait de véhicules assez

Rue McGill, à Montréal, l'attelage d'un tramway s'emballe (circa 1882).

lourds, et comme une certaine force d'impulsion aurait pu les projeter sur les chevaux, le conducteur devait manoeuvrer un frein manuel pour les immobiliser progressivement.

M. Sutherland se souvenait que lorsqu'on avait mis en place la voie qui gravissait le plan incliné de la rue Bleury vers la rue Sherbrooke, on avait prévu la présence, au pied de la côte, d'un troisième cheval que l'on attelait en flèche pour venir en aide à l'équipage régulier.

Il n'existait pas encore de boucle à l'extrémité des circuits: on détachait les bêtes et on les ratellait à l'autre bout du tramway.

La compagnie s'était engagée à maintenir le service à longueur d'année. On devait retirer les tramways, au début de la saison froide, pour les remiser dans l'attente du printemps. D'une part, on ne procédait pas au déneigement des artères et, d'autre part, les propriétaires riverains étaient tenus par la loi de garder les trottoirs bien dégagés tout le long de l'hiver, ce dont ils s'acquittaient en pelletant tout simplement la neige sur la chaussée. Les rails auraient été inutilisables.

Seule solution au problème: le remplacement des tramways par des sleighs, ce qui exigeait l'immobilisation de capitaux additionnels et le ralentissement du service, surtout au cours des tempêtes, où il fallait alors recourir à 4 chevaux pour remorquer les lourds véhicules à travers les congères. On avait choisi pour cela le modèle *Kingfisher*, sans doute une marque de commerce, car il y a peu d'affinité entre le transport en commun et le martin-pêcheur! Il était doté de deux bancs longitudinaux sur toute la longueur de la caisse. Une seule porte, s'ouvrant à l'arrière, permettait d'y prendre place ou d'en descendre.

S'il survenait un dégel subit, les pauvres bêtes attelées aux sleighs s'épuisaient à la tâche. Robertine Barry, que certains considèrent comme la figure de proue du journalisme féminin et qui entra au service de *La Patrie* en 1891 sous la direction du redouté Honoré Beaugrand, a écrit quelques lignes à ce sujet dans ce journal.

"Mercredi dernier, jour des Rois, je prenais le tramway de la rue Saint-Denis. La foule, revenant de la grand-messe à Notre-Dame, commença à remplir l'omnibus. Malgré les proportions modestes du véhicule, tous ceux qui ont voulu entrer ont été acceptés.

"All right! crie le conducteur en tirant sur la corde de la clochette. On entent au dehors le claquement strident du fouet qui s'abat, puis un silence. Rien ne bougeait.

"All right! crie de nouveau le conducteur qui feint de croire que le signal du départ n'a pas été entendu. Mais il s'agit bien de cela: les rues, mi-glace, mi-asphalte, sont incompatibles et les chevaux, deux seulement, misérables spécimens de l'espèce, efflanqués, rompus, fourbus, mal ferrés, après de pénibles efforts, sont incapables d'enlever la voiture.

"Quel trajet! Lentement, comme défilerait un corbillard, on avançait: le conducteur, à pied, conduisant le deuil!"

Par grand froid, on gelait des pieds, et la compagnie maintenait sur le plancher une bonne épaisseur de paille. Elle poussait même l'amabilité jusqu'à le garnir parfois de couvertures, ce qui ne lui coûtait pas cher, car on utilisait les mêmes pour garder les chevaux au chaud quand ils étaient au repos. Lorsque l'avènement de l'électricité permit de motoriser le transport en commun, le problème du chauffage des tramways demeura entier. On équipa chacun d'eux d'une petite fournaise au charbon que le préposé devait maintenir bien chargée pour se soustraire à l'ire des passagers.

Il paraît que lorsque le grand magasin *Henry Morgan & Co.* quitta le centre des affaires pour s'installer dans son nouveau et

Parce que les charrues, pour faciliter le passage des tramways, bordaient les rues de neige, à Toronto, des marchands voulurent protester, en 1881, en rejetant la neige sur les rails. Il en résulta une véritable bataille, au moyen de balles et de pelletées de neige, mais l'avalanche fut si drue que les conducteurs de tramways durent déclarer forfait. Une douzaine de véhicules furent enneigés au point de ne plus pouvoir bouger. Ces deux gravures d'époque nous donnent une idée de la situation avant et après l'altercation.

Le lecteur astucieux pensera peut-être qu'il s'agit ici d'une duplication malencontreuse, se souvenant de l'illustration précédente, mais il réalisera qu'il n'en est rien. Il constatera que sur ce cliché, le sigle T S R (*Toronto Street Railway*) est devenu M S R (*Montreal Street Railway*), et qu'à l'avant du véhicule, *Yonge Street* a fait place à *Craig Street*. Sans doute avait-on voulu recourir à la *morgue* d'une publication pour illustrer un article sur quelque *vicieuse* tempête de neige qui avait immobilisé le transport en commun à Montréal!

Le tramway numéro 10, roulant vers l'est, vient de passer allégrement devant Dupuis Frères, le premier magasin à rayons de l'est de la ville, situé à l'angle des rues Sainte-Catherine et Amherst (circa 1877).

Croquis de Jacques Gagnier.

spacieux immeuble de la rue Sainte-Catherine, on suggéra à la compagnie de construire une voie dans la côte du Beaver Hall. Elle refusa en prétextant que cet investissement ne serait pas rentable. Peut-être craignait-elle d'y sacrifier trop de ses chevaux!

Au retour du printemps, on ne pouvait substituer tout de suite les tramways aux sleighs, car même si la chaussée se découvrait par endroits, il restait ici et là des carapaces de glace parfois épaisses sur les rails. On mettait alors en service des omnibus à roues de fort diamètre.

La réapparition des tramways constituait un signe annonciateur du printemps. Ainsi, en 1883, le 11 avril, l'arpenteur de la ville permettait à la compagnie de débarrasser ses voies de la glace là où celle-ci n'avait pas plus de 6 pouces d'épaisseur; sans doute était-ce pour éviter de trop profondes ornières. Le 18 avril 1885, les journaux annonçaient que les tramways reprendraient leur service dès le lendemain, entre Hochelaga et le carré Chaboillez. En 1889, dans leur numéro du 28 mars, ils rapportaient que les piétons s'arrêtaient, rue Notre-Dame, pour regarder passer "des chars sur de véritables roues", mais il avait fallu atteler ceux-ci de 4 chevaux. On s'affairait à débarrasser les autres lignes de la glace accumulée. C'est en 1878 que la saison avait débuté le plus tôt, soit le 15 mars.

Lorsque l'on dota le mont Royal d'un funiculaire, la ligne de tramways de la rue Rachel fut prolongée jusqu'au pied de la montagne.

Tramways aériens et funiculaire

Pendant longtemps, les Montréalais n'eurent accès au sommet du mont Royal que par un chemin en lacets ou, de façon plus directe, grâce à un long escalier. Si l'on ne possédait pas de cheval, il fallait louer une voiture de place pour gravir en tout confort la route accrochée au flanc sud de la montagne. L'emprunter à pied représentait une marche à la fois longue et pénible. Le long escalier, fait de bois, exigeait de solides mollets, même s'il n'était pas d'une seule venue; là où il croisait la route, celle-ci offrait de reposants et rafraîchissants paliers.

Mais, si l'on se base sur un dessin datant des années 1880, il restait bien au-delà de 200 marches à gravir après avoir une dernière fois mis pied sur le chemin! Ne pouvaient donc bénéficier du parc que les gens à l'aise et les citoyens en excellente santé. C'est du sommet de la montagne, écrivait alors un visiteur, que l'on obtient la plus agréable vue de Montréal; "on l'atteint par un chemin sinueux ou, si le voyageur le préfère, au moyen d'un escalier qui taxe les poumons et les nerfs, fait tourner la tête et présente des risques de chute mortelle," poursuivait-il, "mais, quel que soit le moyen choisi, le panorama qu'il offre en vaut la peine."

En 1884, l'accès au mont Royal se *démocratisa* avec la construction d'un *chemin de fer incliné*, comme l'on disait alors, un funiculaire. D'ailleurs, l'entreprise qui le mit en place s'intitulait *Incline Railway Co.* Elle investit 55 000$ dans l'entreprise. Au départ, il s'agissait de cages ouvertes, mais au fil des ans, on les remplaça par des voitures complètement fermées pour améliorer confort et sécurité. Le funiculaire débutait à la ferme Fletcher, l'actuel parc Jeanne-Mance, dans l'axe de la rue Rachel, et on y accédait par une ligne de tramways dont les mauvaises herbes ne tardèrent pas à envahir la voie si l'on se fie sur une carte postale ancienne.

Arrivé à destination, le véhicule du funiculaire s'immobilisait près d'une terrasse couverte d'où le regard portait sur la partie est de la ville.

Comme toutes les installations de cette nature, 2 véhicules y circulaient, reliés par un câble, et qui se rencontraient à mi-chemin. On estime à 7 000 000 le nombre des citoyens et des visiteurs qui l'empruntèrent au cours de ses 35 années de fonctionnement. On se résolut à démolir le funiculaire en 1919 à cause de son état de vétusté. On dut dès lors s'en remettre à un escalier long de 750 pieds, qu'il fallut enlever à son tour en 1938. Depuis 8 ans, cependant, on pouvait atteindre la montagne au moyen de trams.

Les idées originales ne manquèrent pas. En 1902, un notaire de Montréal, M. Joseph-Roch Mainville, proposait la construction d'un *chemin de fer aérien* entre le sommet du mont Royal et l'île Sainte-Hélène. En 1895, au cours de sa cléricature, il alla représenter les étudiants de Montréal, en compagnie de M. Arthur Berthiaume, fils de l'éditeur propriétaire de *La Presse*, à des fêtes universitaires tenues à Lille. L'occasion lui fut alors donnée de voir des *tramways aériens* suspendus à des fils. Plus tard, on avait proposé de construire une haute tour sur le mont Royal; c'était suffisant pour que germât dans l'esprit du jeune notaire, l'idée d'en ériger une seconde dans l'île Sainte-Hélène et d'en réunir les sommets par des câbles... C'est l'*Album Universel* du *Monde Illustré* qui révéla cette idée futuriste, mais l'auteur du texte, qui signa d'un pseudonyme, *Héraut*, ne semblait pas y croire beaucoup, car il consacra ses six premiers paragraphes à tourner autour du pot, presque à s'excuser auprès du notaire de lui donner une telle vedette, tout en publiant son portrait. Le projet était *grandissime*, écrivait le journaliste, et quel superbe clou pour une exposition internationale! "Que d'utiles applications sont ainsi sorties d'une conception fantaisiste de Jules Verne et de bien d'autres!" s'écriait-il avant de présenter ses excuse au notaire "pour l'indiscrétion commise à son égard".

La mise en valeur du mont Royal n'a jamais cessé de hanter les imaginations fertiles. En 1934, un médecin proposait l'ouverture d'un casino sur la montagne. En 1942, un citoyen suggérait

Au fil des ans, on dota le funiculaire de **voitures** complètement **fermées** pour améliorer le confort et la sécurité.

En 1869, la ville de Montréal fut autorisée à contracter un emprunt de 350 000$ pour l'achat de terrains qui lui permettraient de créer un parc au sommet du mont Royal. Les premiers travaux d'aménagement s'échelonnèrent sur plusieurs années, et les citoyens fréquentèrent de plus en plus cet oasis de verdure situé en plein centre-ville. En 1884, on procéda à la construction d'un funiculaire pour y amener les citoyens depuis la ferme Fletcher, l'actuel parc Jeanne-Mance. En hiver, le chemin de la montagne devenait la piste préférée des raquetteurs.

l'installation, place du Canada, d'ascenseurs par lesquels on pourrait accéder à un tunnel percé jusque sous la montagne, où d'autres ascenseurs conduiraient les visiteurs jusqu'au sommet. Dix ans plus tard (mars 1952), l'échevin Max Seigler demandait à la ville d'entamer des négociations avec la Commission de transport pour la mise en place d'un service d'autobus suspendus entre la ferme Fletcher et le sommet de la montagne. *La Patrie* publia alors un croquis de l'étrange véhicule, le *Skiway* (numéro du 23 mars).

Quelques jours plus tard, lors d'une réunion spéciale de l'Association des parcs et des terrains de jeux de Montréal, le comité des parcs, par le truchement de l'un de ses membres, M. Arthur-L. Gravel, suggéra le remplacement des tramways conduisant à la montagne par des *tramways aériens*, "qui sont de plus en plus en usage en Europe".

Il y a une trentaine d'années encore, on se préoccupait surtout de l'accès des masses aux parcs. Dans *La Patrie* (8 juin 1958), le journaliste Hervé Lépine prédisait: "Le rond-point où tournaient les tramways deviendra avec les années un genre de Place de l'Étoile parisienne, où des routes convergeront dans tous les sens à travers la montagne". Le Ciel nous en a gardés!

Au début du siècle, avons-nous constaté, les idées originales ne manquaient pas. Comment résister à la tentation d'en rappeler une autre... plutôt farfelue? La ville de Montréal, qui n'avait jamais connu de siège véritable (on s'était rendu sans coup férir aux Anglais en 1760, puis aux Américains 15 ans plus tard), qui avait démoli ses fortifications, qui avait été pour la dernière fois menacée en 1814 (bataille de Châteauguay), ne risquait plus d'être envahie. Pourtant, en 1902, l'*Album Universel* du *Monde Illustré* (numéro du 19 juillet) faisait part à ses lecteurs d'une étonnante suggestion: celle d'entourer l'île de Montréal d'un chemin de fer très élevé, sur lequel se déplacerait un fil sans fin "comme celui des manèges de machines à battre" et qui entraîne-

Le projet de "chemin de fer aérien" conçu par un notaire pour aller de l'île Sainte-Hélène au mont Royal (circa 1902).

La suggestion d'un fabricant de machines à battre: entourer l'île de Montréal d'un chemin de fer élevé qui deviendrait une ceinture de feu et de mitraille et sur lequel, en temps de paix, circuleraient des tramways à l'intention des touristes (circa 1902).

Le fameux *Rocket* arborant sa rutilante toilette du premier jour. Les badauds furent époustouflés de le voir remonter à reculons la côte de la rue Amherst. Ci-dessous, on le retrouve, deux ans plus tard, assurant le service sur le circuit de la rue Saint-Denis, à Montréal, près de la rue Ontario (circa 1894).

entraînerait dans sa course des canons montés sur "affûts-wa-gons". On pourrait contrôler le tir des pièces depuis le sommet de la montagne au moyen de fils électriques. La ville serait ainsi équipée d'une "ceinture de feu et de mitraille à l'épreuve de toute attaque". Mais l'on n'oubliait pas l'attrait touristique: en temps de paix, on pourrait utiliser cette voie ferrée pour y faire rouler des tramways d'excursion!

On ne connaîtra sans doute jamais l'identité du *génie* qui proposait d'encercler l'île d'un hideux corset de fer. C'était, justement, un fabricant de machines à battre. Avouons qu'il aurait lui-même mérité d'être... battu comme blé!

Enfin, le tramway électrique!

On n'arrête pas le progrès, c'est bien connu. Depuis quelques années, on parlait de recourir à la fée électricité plutôt qu'aux chevaux pour assurer une meilleure qualité au transport en commun. Même si l'expérience avait été concluante ailleurs, certains directeurs de la Compagnie de chemin de fer urbain de Montréal étaient réfractaires à cette nouvelle formule. Pendant qu'ils hésitaient, des hommes d'affaires s'y intéressaient, mais c'est la ville, bien sûr, qui aurait le dernier mot.

Le 22 octobre 1891, le conseil municipal prenait connaissance d'une première proposition formulée par MM. Cowans et Mainwaring au nom de la *Montreal Elevated Railway Co.* Le 20 février (1892), c'est un projet portant la signature de M. A. Bickerdike qui retenait son attention. Le 15 mai, il se penchait sur une soumission d'un financier de Cobourg, Ontario, M. Henry K. Wicksteed. Le lendemain, c'est un New Yorkais, M. W.S. Williams, qui propose son projet, promettant de verser 100 000$, puis le double à la ville.

Mais, comment expliquer l'apparente inertie de la Compagnie de chemin de fer urbain? La division règne chez les directeurs. C'est le dynamisme d'un tout nouveau président, M. Louis-Joseph Forget, qui secouera cette torpeur. Ne dirige-t-il pas déjà sa propre maison de courtage, qui porte son nom? Aussi, lorsque survient le débat pour l'adjudication du contrat pour la mise en place et l'exploitation d'un nouveau système de tramways électriques, le 19 juillet, c'est sa compagnie qui en obtint le privilège. Soulignons que, la même année, M. Forget devenait président de la Compagnie de navigation du Richelieu, de même que du *Montreal Stock Exchange.* C'était un prestigieux financier.

C'est le 21 décembre 1892 que fut adopté le règlement municipal #210 "relatif à la construction et à la mise en opération d'un

Le deuxième prototype de tramway électrique, ouvert sur un côté, fit sans doute la joie des passagers pendant la belle saison (circa 1894).

service de tramways électriques à Montréal", mais le président n'attendit pas jusque là. Dès le 5 septembre, les journaux annonçaient que des équipes d'ouvriers procédaient à l'installation des *fils à trolley* sur le circuit conduisant aux terrains de l'Exposition. D'ici une semaine, pensait-on, un premier tramway électrique pourra démontrer sa puissance en gravissant les côtes de l'avenue du Parc et de la rue Amherst.

Le président Forget savait s'entourer. Le vice-président du chemin de fer Pacifique-Canadien, Thomas G. Shaughnessy, avait acheté des parts dans la compagnie, et on prévoyait son accession au bureau de direction.

Il fallut attendre jusqu'au 21 septembre pour assister à la première sortie du *Rocket*, une bien modeste *fusée*, mais qui allait révolutionner le transport en commun. Il avait été construit par la *Brownell Car Co.* de Saint Louis, Missouri. C'est le matin, à 10 h 10, que le *Rocket*, en élégante livrée, sortit de la cour de la *Royal Electric Co.*, rue Wellington, pour son baptême... de rails, sur la voie dite "de ceinture", qui empruntait successivement la rue Bleury, l'avenue du Parc, l'avenue du Mont-Royal, la rue Saint-Dominique, la rue Rachel, la rue du Parc-Lafontaine, puis la rue Amherst.

Avaient pris fièrement place à bord du véhicule le président Forget, M. H.A. Everett, directeur-gérant, M. E. Lusher, secrétaire, le sénateur J.-R. Thibaudeau, président de la *Royal Electric Co.,* M. William Mackenzie, président de la *Toronto Street Railway Co.,* et l'échevin J.-Octave Villeneuve, ancien maire de la ville de Saint-Louis et qui allait devenir maire de Montreal 2 ans plus tard.

On se félicitait déjà du succès anticipé de la journée, sauf qu'on avait oublié un détail. Le *Rocket* se déplaçait sur un seul bogie, à 4 roues, et la distance latérale entre celles-ci était de 7 pieds et 6 pouces. Or, les aiguillages avaient été conçus en fonction de roues espacées de 7 pieds seulement. Lorsque le tramway prend son virage, rue Craig, pour s'engager rue Bleury, il déraille, et le malencontreux événement se répète partout où les courbes sont trop raides, et cela devant les badauds qui s'étaient massés pour assister à la prometteuse expérience.

Le quotidien *La Presse* avait chargé son pittoresque chroniqueur Hector Berthelot de rédiger le compte rendu de la journée. "La foule, sur le parcours de la voie, écrivait-il, était aussi compacte que lors d'une grande procession. Sa curiosité était piquée au vif. À chaque arrêt du *Rocket*, il fallait voir des groupes de badeaux à quatre pattes près de la voie, essayant de voir les détails de la machine locomotrice. Malheureusement pour eux, ils n'ont pu voir que la boîte contenant la dynamo. Un électricien perché sur l'impériale du char veillait au bon fonctionnement de la perche pompant le fluide électrique du fil central du trolley."

Quand le tramway passa devant le magasin de l'échevin Villeneuve, celui-ci, enthousiasmé, invita ses compagnons à sabler le champagne, mais ce fut une courte halte, car le véhicule bloquait la voie aux attelages des autres tramways qui conduisaient des citadins vers les terrains de l'Exposition. Non seulement le *Rocket* présentait-il une agréable toilette extérieure, mais on avait soigné son aménagement. Les bancs étaient "moelleusement capitonnés avec du tapis coûtant en gros 4$ la verge, rapportait Berthelot; tous les sièges étaient à ressorts et des stores, d'un dessin élégant, protégeaient les clients des rayons du soleil". Cinq lampes électriques éclairaient l'intérieur.

Le *Rocket*, qui avait quitté les rails à l'angle des rues Craig et Bleury, en fit autant 4 ou 5 autres fois, la dernière lorsqu'il tourna à droite sur la rue Craig après avoir descendu la côte de la rue Amherst, mais les badeaux le lui pardonnèrent quand ils le virent remonter lestement la côte à reculons! Il venait de gagner la faveur populaire. Le fait de savoir que l'on se déplacerait dorénavant à 20 milles à l'heure dans les rues de la ville, les

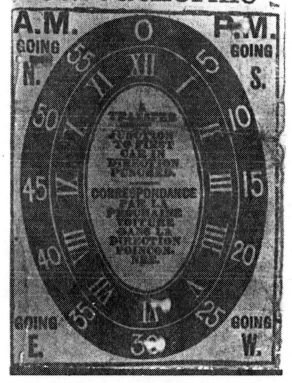

Montréal Street Railway

DEC. 25 '94

No. 4236

TRANSFER FROM

St. Catherine

A.M. GOING N.   O   P.M. GOING S.

GOING E.   GOING W.

Joyeux Noël...1894, si vous déteniez cette correspondance # 4236! Le *conducteur*, ainsi que l'on désignait le préposé aux voyageurs même si le conducteur était le *garde-moteur*, poinçonnait la correspondance: heure et direction. On ne songeait pas encore aux tourniquets électroniques!

éclairs qui jaillissaient de la roue du trolley et la constatation que, malgré ce que l'on avait craint, le véhicule n'apeurait pas les chevaux suscitèrent l'enthousiasme des citadins.

Dans *Le Monde illustré* (10 septembre 1892), l'éditorialiste Léon Ledieu signalait avec une pointe d'humour un *inconvénient* de la mise en service des nouvelles voitures.

"Les horlogers de Montréal sont dans la jubilation. Pourquoi? Parce que le conseil de la cité a décidé que les chars urbains seraient mûs par l'électricité, écrivait-il. En quoi les chars urbains mûs par l'électricité peuvent-ils intéresser les horlogers? En ce sens que l'électricité aimante les mouvements des montres quand ils sont en fer, en acier, enfin quand ils sont fabriqués avec un métal magnétique, et qu'une fois aimantés ils ne fonctionnent plus. D'où il résulte qu'il nous faudra faire changer les mouvements de nos montres, ou nous abstenir de voyager dans ces véhicules. C'est beau la science et j'en suis grand admirateur, mais elle a parfois des effets très curieux et coûteux. Les échevins horlogers, concluait-il, s'il y en a, on dû voter pour ce système!" Comme quoi la fantaisie s'immisçait parfois en page éditoriale.

La compagnie avait commandé 25 tramways. Dès le lendemain de la démonstration du *Rocket*, 5 voitures étaient mises en service sur la voie de ceinture, qui allait devenir fort populaire, surtout en fin de semaine, car elle offrait aux familles l'occasion d'une randonnée avec arrêt aux terrains de l'Exposition, mais un autre circuit allait gagner la faveur populaire.

Le samedi 1ᵉʳ octobre (1892), les nouveaux véhicules commençaient à rouler rue Sainte-Catherine. "Les tramways électriques ont circulé rue Sainte-Catherine samedi et ont été très achalandés, rapportait *The Gazette* le 3 octobre. Les tramways pouvaient à peine accommoder les foules qui allaient à la côte Saint-Antoine dimanche. À un moment, il y avait bien 150 personnes qui attendaient à l'avenue Greene. Tous les tramways à moteur et les

Le tramway 274, complètement fermé, fit le bonheur des Montréalais il y a un siècle. Il arborait fièrement le nom de la compagnie.

remorques étaient remplis à capacité, et les conducteurs, à certains endroits, durent faire descendre les gens de force." En guise de remorques, on accrochait aux tramways motorisés des voitures à traction animale désaffectées.

Pour comprendre l'engouement des citadins à l'égard de ce circuit, il faut se rappeler qu'à cette époque, on pouvait cueillir des cenelles et des pommes le long de chemin de la Côte-Saint-Antoine. Celui-ci, qui prit le nom de Westmount en 1895, cheminait entre des verges. La rue Greene constituait le terminus du circuit de la rue Sainte-Catherine. Il s'agissait donc d'une promenade aussi populaire auprès des amoureux que des familles. L'actuel parc Westmount était couvert de pommiers et Notre-Dame-de-Grâce (ville annexée à Montréal en 1910) constituait en quelque sorte un immense verger. On s'y rendait grâce à un service d'omnibus à traction chevaline.

La conversion complète du réseau exigea 2 ans, car non seulement fallait-il dresser des poteaux pour la mise en place des fils d'alimentation, mais aussi remplacer à peu près tous les rails. En juin 1894, la compagnie possédait 100 tramways électriques et 40 remorques, et au début d'octobre, elle annonçait fièrement le retrait des derniers véhicules à traction animale, dans le secteur ouest de la rue Notre-Dame et de Saint-Henri. Dès lors, tout son réseau était électrifié. Elle avait déjà commencé, bien sûr, à liquider ses actifs devenus inutiles. Ainsi, le 24 mars 1894, elle annonçait dans les journaux la vente, à partir du 26, à ses écuries d'Hochelaga, par les soins des encanteurs Benning et Barsalou, de 300 chevaux et d'importants lots de couvertes, de harnais, de colliers, de licous, de brides, etc.

L'électrification du réseau suscita non seulement des commentaires, mais des initiatives. Ainsi, le 1er avril 1893, le député Olivier-Maurice Augé, qui représentait à Québec la division numéro 2 de Montréal (formée en 1890 du quartier Saint-Jacques de Montréal-Est et du quartier est de Montréal-Centre), déposait au greffe de la ville un plan de chemin de fer projeté autour de l'île de Montréal. Au même moment, les cochers se plaignent de ce que la compagnie persiste à répandre du sel dans les rues, ce qui, disent-ils, fait du tort aux pieds des chevaux. Et la municipalité de Maisonneuve demande à ses avocats de poursuivre la compagnie parce qu'elle n'assure aux citoyens qu'un service de quart d'heure en quart d'heure plutôt qu'à toutes les 5 minutes ainsi qu'il était prévu dans son contrat: la municipalité réclame le versement d'une amende de 10$ par jour de mauvais service pour une durée de 7 jours!

Le 6 février 1894, importante innovation: la compagnie inaugure un système de *billets de correspondance*. Ceux-ci sont de couleur rouge et pour permettre d'en vérifier la validité, le préposé y indique la date, l'heure et, au moyen des quatres points cardinaux, la direction dans laquelle le voyageur se déplace. Jusque là, il fallait recourir à un ticket chaque fois que l'on changeait de véhicule.

Nous avons souligné que le projet d'électrifier le réseau n'avait été mené à bien que grâce au dynamisme du financier Louis-Joseph Forget et à sa faculté de susciter l'apport d'éléments progressistes. Les actionnaires les plus... frileux à l'égard de cette nouvelle orientation craignaient l'hiver et son cortège de problèmes, de même que les caractéristiques topographiques de la ville.

Selon les statistiques, la chute moyenne de neige, pour la période allant de 1875 à 1891, avait été de 113 pouces (2,87 mètres); au cours de l'hiver 1886-87, elle s'était établie à 178 pouces (4,52 mètres)!

Par ailleurs, on se demandait si la puissance de l'électricité vaincrait le défi des rampes accentuées. Jusque là, il suffisait de doubler, parfois de tripler les attelages... On citait volontiers l'indice de déclivité des pentes qui se rencontraient sur certaines

La rue Sainte-Catherine, à Montréal, en 1907, l'un des circuits déjà les plus achalandés. Le 906 est typique des tramways de l'époque. Même si l'on devait construire des véhicules plus longs, leur apparence générale demeura longtemps la même.

rues pour entretenir l'inquiétude des timorés: rue Amherst, 50 pieds sur une distance de 800; rue Saint-Denis, 47 pieds sur 700; rue Saint-Laurent, 68 pieds sur 1 500; côte du Beaver Hall, 60 pieds sur 900; rue Windsor, 70 pieds sur 1 500; rue Guy et chemin de la Côte-des-Neiges, 350 pieds sur 5 150, avec une pointe de 11 pour cent.

Les ingénieurs étudièrent le problème et, bientôt, des équipes s'employèrent à modifier le niveau de l'amorce des pentes et à amenuiser l'angle trop prononcé de leur sommet. Avec un résultat qui donna raison aux initiateurs du projet.

Au départ, une seule usine génératrice, rue Côté, suffisait à alimenter les trams, mais elle n'aurait pu tenir longtemps le coup au rythme où le réseau se transformait. Dès 1894, la compagnie en aménagea une autre, plus puissante, rue William, à la Pointe-Saint-Charles, et la dota de 6 génératrice *Corliss*, chacune animée par un moteur de 650 chevaux. On eut beau doubler, tripler le rendement de ces usines, il fallut bientôt acheter de l'électricité de la *Montreal Light, Heat & Power Co.*, puis faire appel de la même façon à la *Shawinigan Water & Power Co.* Le réseau devait ensuite recevoir l'apport de deux autres usines génératrices, l'une établie rue Saint-Denis, près de la rue de Fleurimont, et l'autre à Saint-Henri.

En 1895, le capital de la compagnie fut porté à 4 000 000$, puis à 5 000 000$ deux ans plus tard. En 1903, alors que l'on achevait la construction de 14 milles additionnels de voies, il se chiffrait à 7 000 000$.

L'essor de la compagnie devait évidemment se traduire par l'accroissement de sa clientèle. Celle-ci passa de 11 631 386 voyageurs en 1892 à 60 281 834 six ans plus tard. Ce progrès se manifesta non seulement dans l'accroissement du nombre des véhicules en service, mais dans leur perfectionnement. Au début, les voitures roulaient sur un seul bogie de 4 roues et leur méca-

Le *350* et le *274* ont heureusement survécu à leur carrière de pionniers du transport en commun motorisé, au plus grand plaisir des fervents du patrimoine, qui peuvent les voir au musée ferroviaire de Saint-Constant. Ils tiennent ici compagnie à un autre retraité bien ventilé, le # 8.

Comme des chevaux sous un même attelage, Montréal et Toronto demeuraient *nez à nez* dans le domaine du transport en commun. Les deux villes s'étaient dotées de tramways la même année, soit en 1861; trente ans plus tard, elles avaient encore recours à la traction chevaline. Aspect de la rue Yonge, à Toronto, en direction du nord (1890). Photo Notman.

En 1904, sur cette même rue Yonge, l'électricité a supplanté les chevaux.

nique s'avérait peu fiable. Avec les progrès de la technologie furent construites des voitures à 2 bogies, longues d'une cinquantaine de pieds, dotées d'une ossature d'acier et munies d'organes au rendement amélioré, notamment de freins plus performants.

C'est en 1958 que le brave *Rocket* fit ses adieux aux Montréalais. Il avait depuis longtemps pris sa retraite et on l'avait remisé aux ateliers Youville. Le dimanche 22 juin 1958, des autobus à moteur diesel, d'une capacité de 50 passagers, remplaçaient les tramways sur les rues Ontario, Rachel et Davidson. Avant de procéder à l'enlèvement des voies, on voulut faire prendre l'air une dernière fois au valeureux ancêtre en le conduisant jusqu'au marché Maisonneuve, ce qui n'était pas facile, car il subsistait de moins en moins de rails dans les rues de la ville. On lui conçut un itinéraire exceptionnel passant par plusieurs artères: Crémazie, Saint-Denis, Bellechasse, Saint-Laurent, Bernard, du Parc, Ontario, Aylmer, City Councillors, et de nouveau Ontario jusqu'au boulevard Morgan.

De nos jours, le *Rocket* constitue l'une des pièces les plus précieuses du Musée ferroviaire de Saint-Constant.

Une carrière peu commune

Que Montréal fût l'une des premières villes du continent nord-américain à se doter d'un réseau de tramways mûs à l'électricité ne doit pas étonner. En effet, un fils du Québec, Joseph-Arthur Gaboury, né à Saint-Jean-Baptiste-de-Rouville en 1851, mit sur pied un semblable service à Montgomery, Alabama, dès 1886. Sous la signature de M. Léon Trépanier, *La Patrie*, de Montréal, a fait connaître, dans son numéro du 29 janvier 1950, l'étonnante carrière de cet entreprenant Québécois. Elle avait été esquissée en 1936 dans une brochure intitulée *The Lightning Route* et publiée par l'*Alabama Power Co.*

Évoquons tout d'abord la mémoire de deux autres pionniers. Il paraît que c'est à Toronto que fut inventé le trolley. John Wright, un citoyen de cette ville, s'intéressait à l'électricité depuis 1882 lorsqu'il décida de rendre visite au grand inventeur Thomas Alva Edison, aux États-Unis. À la faveur de ce voyage, il acheta une petite locomotive hors d'usage et la fit transporter chez lui. Il rêvait de mettre au point un tramway électrique.

À ce moment-là, tout comme Montréal, Toronto possédait depuis au-delà de 20 ans son système de tramways à traction chevaline, et ses administrateurs firent des gorges chaudes des demandes d'encouragement que Wright sollicita auprès d'eux pour la mise en route de ses travaux. Celui-ci se tourna alors vers le conseil municipal, qui mit à sa disposition un terrain situé au bord du lac Ontario.

John Wright s'adjoignit un inventeur belge, Charles-J. Van Depeole. Les deux collègues mirent une voie en place. Un fil porteur d'électricité courait entre les rails. Une fois l'installation terminée, ils invitèrent des badauds à assister à une expérience qu'ils espéraient prometteuse. Une fine pluie se mit à tomber, mais les curieux ne désertèrent pas les lieux, résolus à applaudir une réussite ou à se moquer des inventeurs.

Wright brancha le courant. Des étincelles jaillirent des rails, mais le tramway ne bougea pas. Des rires gouailleurs fusèrent.

Les deux compères reprirent leurs expériences et constatèrent que l'électricité se diffusait dans un sol mouillé. Si le fil d'alimentation était tenu loin du sol, pensèrent-ils, ce phénomène ne se produirait pas. Et c'est ainsi qu'ils songèrent à le placer au-dessus du tramway et à munir celui-ci d'une perche qui assurerait le contact.

En 1885, Joseph-Arthur Gaboury visita l'Exposition de Toronto et y rencontra l'inventeur belge. Il avait trop d'expérience dans le domaine ferroviaire, à la fois comme entrepreneur et ingénieur, pour ne pas saisir les possibilités de cette nouvelle utilisation de l'électricité, et il le convainquit de l'accompagner à Montgomery.

C'est à Paris, dit-on, que Gaboury était allé terminer ses études en génies civil et minier, ce qui allait lui permettre, au cours des années suivantes, de se placer tour à tour au service d'une bonne douzaine de compagnies ferroviaires des États-Unis. Il s'y connaissait en matière de transport urbain, car il avait doté les villes de Columbus, en Georgie, et de Montgomery, en Alabama, de leurs premiers tramways, remorqués par... des mules!

C'est le 14 novembre 1884 que Gaboury avait obtenu de l'État de l'Alabama une charte sous le nom de *Capital City Street Railway Co.* Une vingtaine de citoyens de Montgomery faisaient partie du syndicat. Il présenta l'inventeur belge à ses associés et obtint du conseil municipal l'autorisation de faire l'essai de la nouvelle formule de traction. La première expérience se fit la nuit, dans la plus grande discrétion. Le véhicule roula et 2 mules le ramenèrent à son point de départ.

Puis survint le 15 avril (1886). Deux tramways se déplaçant à une allure de 6 milles à l'heure entrèrent en service. L'*Express Eclair* roulait à raison de 15 heures par jour, à la grande joie des citoyens. Un journal publia la photo d'une belle, nommée Toccoa Cozart, qui avait eu la témérité de se déplacer ainsi dans un tram sans mules!

Gaboury n'était pas du genre à s'approprier le mérite des autres. Même si l'inventeur belge n'était parvenu à réaliser son rêve que grâce à l'appui financier d'hommes d'affaires, l'entreprise prit le nom de *Van Depoele Electric Railway System.*

En 1887 survint un accident: un fil chargé d'électricité tomba sur le cheval du gouverneur Seay, de l'Alabama. La superbe bête ne survécut pas à l'électrocution. Pour comble de malheur, un incendie détruisit la petite centrale de la compagnie. On fit venir des mules du Texas pour remorquer les tramways pendant l'intérim. Le service reprit sur une base régulière en mars 1889.

Joseph-Arthur Gaboury fut aussi très actif dans le domaine minier. On lui doit notamment la découverte, près de Jacksonville, d'immenses gisements de kaolin, cette argile blanche réfractaire et friable qui entre dans la composition des pâtes céramiques, particulièrement de la porcelaine.

Croquis de Jacques Gagnier.

Certains des premiers tramways de la ligne de Cartierville étaient complètement ouverts d'un côté, ce qui, en été, charmait les voyageurs. Ils étaient équipés d'un chasse-pierres et filaient à grande vitesse lorsqu'ils traversaient des territoires peu habités, et avant d'atteindre Snowdon pour y tourner à droite vers la ville de Saint-Laurent, puis Cartierville, ils suivaient le tracé du futur chemin de la Reine-Marie. Le *1011* est ici arrêté en face de la clôture du collège Notre-Dame, à la Côte-des-Neiges.

Le tramway électrique devait permettre à la banlieue de se développer en fournissant aux citoyens qui y habitaient un moyen de transport sûr et régulier à prix populaire. L'une de ces lignes fut celle de Cartierville, qui devait plus tard conduire une importante clientèle au parc Belmont. Elle fut établie en 1896 et fit place à un service d'autobus en 1959.

Prendre le tramway pour la campagne

La Compagnie de chemin de fer urbain de Montréal devait connaître une certaine concurrence, notamment de la part d'entreprise qu'elle devait finalement absorber.

Dès 1885, la *Montreal Park & Island Railway Co.* obtenait une charte pour la construction de chemins de fer depuis certains points de la ville de Montréal jusqu'au sommet du parc du Mont-Royal et jusqu'à certaines municipalités de l'île; les véhicules seraient mûs "à la vapeur, à l'électricité ou autrement".

En 1893 naissait une autre entreprise, la *Montreal Island Belt Line Railway Co.*, dont l'objectif était de même nature; l'année suivante, elle obtenait un accroissement de ses privilèges, notamment pour la construction de ponts et pour l'acquisition de compagnies. C'est ainsi qu'en 1896, elle achetait de la *Château-guay & Northern Railway Co.* une voie allant depuis le quartier Hochelaga de la ville de Montréal jusqu'à la Pointe-aux-Trembles. Cette dernière entreprise avait été incorporée en 1895 en vue de la construction d'une ligne ferroviaire entre un point de la frontière séparant l'État de New York du Québec et le comté de Soulanges, avec prolongement jusqu'à Montréal. En 1899, la *Montreal Belt Line* devenait la *Montreal Terminal Railway Co.*

On peut dire qu'à partir de 1893, c'est le tramway qui ouvrit le nord de l'île de Montréal à l'habitation et au commerce. D'une part, la première automobile ne devait circuler à Montréal que 6 ans plus tard; d'autre part, il n'existait que peu de *montées* entre la rivière des Prairies, la ville de Montréal et les localités qui se succédaient au nord de celle-ci. Le tramway offrait un service sûr, confortable et relativement rapide. Le Sault-au-Récollet, Ahuntsic, Bordeaux, Cartierville et Saint-Laurent lui durent l'amorce de leur développement: il ne s'agissait plus de banlieues éloignées et difficilement accessibles.

Les rigueurs de l'hiver ne paralysaient pas le service: la station Péloquin sur la ligne du Sault-au-Récollet (circa 1896).

On peut qualifier de rurales les lignes qu'inaugura la *Montreal Park & Island*, même si la première offrait un circuit autour du mont Royal. Elle invitait les citadins, après une semaine de travail au bureau ou à l'usine, à refaire leur plein de sérénité grâce à une excursion à la campagne. Sa publicité insistait sur la nécessité de confier à la nature le soin de restaurer chez le citoyen une vitalité que drainaient les exigences de la vie moderne. Il suffisait pour y arriver, disait-on, d'aller avenue du Mont-Royal, *à la tête de la ferme Fletcher*, l'actuel parc Jeanne-Mance, et d'y monter dans un tramway pour un tour *rural* de la montagne. "Les vagues des ondulantes frondaisons des vergers, l'élégance rectiligne des haies, les pimpantes maisons de ferme, l'éclat argenté d'un clocher de campagne ont tôt fait de souffler les toiles d'araignée chargées de la suie et de la poussière de la ville qui polluent le cerveau," assuraient les prospectus.

Dès après avoir quitté son terminus, le tramway filait entre les fermes, frôlait les *hameaux* de Maplewood et de Côte-des-Neiges, passait tout près des impressionnants édifices de pierre de Villa Maria *nichés sur les pentes de la montagne* et s'arrêtait à la jonction de Snowdon. Ici, le passager pouvait emprunter un autre tramway vers Saint-Laurent, ou demeurer à bord pour continuer son périple, qui reprenait vers le sud pour contourner la partie ouest de la montagne. Il pouvait admirer Westmount, "la plus belle banlieue des villes nord-américaines, où les beautés de la nature et l'art architectural se combinent si harmonieusement". L'excursion se terminait avenue Victoria, d'où l'excursionniste pouvait rentrer au centre-ville par le tramway urbain.

La *Montreal Park & Island* ne manquait pas d'initiative. En mars 1896, elle confiait la construction de 35 milles de voies à l'entrepreneur montréalais W.G. Reid; les travaux se répartissaient comme suit: de Montréal à Dixie, de Westmount à Montréal-Ouest, de Snowdon à Saint-Laurent, du Sault-au-Récollet vers l'est jusqu'à un point d'où l'on pouvait prendre un passeur pour Saint-Vincent-de-Paul, de Montréal à la Longue-Pointe, de

Montréal au Mile-End et de Montréal à Verdun. La ligne atteignant Saint-Laurent devait par la suite être prolongée jusqu'à Cartierville. Et on parlait d'une autre qui atteindrait le Sault-au-Récollet.

On le constate, il devait s'agir d'un réseau qui prolongeait le service urbain. D'ailleurs, la Compagnie de chemin de fer urbain de Montréal devait plus tard absorber sa concurrente.

La ligne de Cartierville débutait aux environs du collège Notre-Dame et suivait jusqu'à Snowdon un tracé qui allait devenir en 1910 le chemin Queen Mary, après avoir porté plusieurs noms, dont ceux de chemin de la Côte-Saint-Luc et de chemin du Tour-de-la-Montagne. À la jonction de Snowdon, le tramway se tournait résolument vers le nord et roulait à belle allure à travers champs. Ce trajet faisait aussi la joie des citadins à la recherche d'espace et d'air pur, et la compagnie s'employait à en vanter les caractéristiques bucoliques. "Sur des milles de distance, disait-elle dans sa publicité, la vue porte, de chaque côté, sur des champs rutilants d'une variété de verts émeraude qui caractérise les cultures de céréales et que veloutent les reflets dorés de l'automne au moment des récoltes. Les maisons de ferme sont nombreuses, enchâssées en des rectangles de pierre. Ici et là, des boisés rompent la monotonie des terres en culture, comme autant d'îlots verts émaillant la plaine." De telles descriptions ne pouvaient que faire saliver la clientèle citadine.

À mi-chemin se présentait le village de Saint-Laurent, au milieu d'une grande région campagnarde, avec ses rues ombragées et son collège déjà réputé.

Puis, à 3 milles plus au nord, le tramway atteignait son terminus, au hameau de Cartierville, où un parc accueillait les *touristes*, qui arrivaient avec un panier d'osier à la main et s'installaient pour casser la croûte à des tables rustiques. On s'y serait cru à mille milles de la grouillance cité. "La rivière roule ses eaux fraîches

La station Vervais, à l'angle du boulevard Crémazie, et de la rue Lajeunesse, à Montréal. C'était le point de départ des tramways assurant le service jusqu'à Ahuntsic (circa 1896).

et rapides tout au long du parc, et c'est un régal que de s'étendre sur ses bords gazonnés et de jouir de la fraîcheur de l'air. Le terrain est élevé et sain, et le visiteur qui y passe quelques heures se rend compte de ce qu'il fait bon vivre, surtout lorsqu'il constate qu'une randonnée de 2 heures en tramway s'ajoute à ce réel bonheur!"

En 1902, la *Montreal Park & Island* se dotait de longs tramways ouverts à 2 bogies et, à peu près au même moment, elle devenait une filiale de la Compagnie de chemin de fer urbain de Montréal, les deux entreprises se trouvant dès lors sous l'autorité d'un même bureau de direction et d'un même surintendant, M. J. Kennedy.

On jugea qu'il était onéreux de maintenir 2 types de tramways, l'un pour la saison estivale et l'autre pour l'hiver, et il fut résolu de ne plus faire construire de véhicules ouverts. Ceux qui se trouvaient déjà en service le demeurèrent. Il y en avait 10, et leur armature était si solide qu'en 1920, on les dota de caisses fermées. On continua de les utiliser sur le circuit de Cartierville. Parce qu'ils avaient plus de 50 pieds de longueur, on n'aurait pu d'ailleurs les mettre en service sur des lignes passant par le centre-ville. Ils étaient dotés, à l'avant, d'un solide panier qui non seulement pouvait cueillir les imprudents qui s'aventuraient sur la voie au mauvais moment, mais servait aussi de chasse-pierres, et que l'on remplaçait, l'hiver, par un chasse-neige, un solide éperon d'acier à 2 versoirs qui avait raison des congères. Un puissant sifflet à air annonçait de loin son approche, d'un cri strident qui déchirait le calme champêtre. Ils appartenaient à la série "1032" et on les utilisa également sur les circuits de Montréal-Nord, du Bout-de-l'Île et de Lachine.

Les grands tramways ouverts de 1902 furent tout d'abord de couleur orangée car, disait-on, c'était la teinte qui se distinguait le mieux en été à travers les vertes frondaisons; plus tard, quand on les transforma en véhicules fermés, on maintint la même

C'est en 1902 que furent construits six exemplaires de ce type de véhicule, les plus gros tramways à rouler sur le territoire métropolitain. Ils desservirent surtout la banlieue jusqu'en 1955.

Ce modèle de tramway fut le premier à bénéficier d'une caisse entièrement faite d'acier (circa 1910).

toilette extérieure, que l'on apercevait de loin, même en pleine poudrerie. C'est seulement à partir de 1925 que la voie du circuit de Cartierville fut doublée. Jusque là, la ligne était jalonnée de voies d'évitement pour permettre la rencontre des véhicules.

Ce circuit n° 17 fut l'un des derniers à survivre après l'avènement des autobus. C'est le 27 juin 1959 que le dernier tramway y circula, emportant avec lui le souvenir d'une époque où les citadins envahissaient les bords de la rivière des Prairies, en fin de semaine, pour y trouver les joies de la campagne.

Mais les Montréalais pouvaient emprunter une autre ligne jusqu'à la rive nord de l'île. En 1902, les tramways urbains remontaient la rue Saint-Denis jusqu'à une boucle que formaient les rues Bélanger, Christophe-Colomb et Isabeau (incorporée plus tard à l'actuelle rue Jean-Talon); c'est seulement en 1909 que le circuit Saint-Denis eut une voie double jusqu'au boulevard Crémazie.

Dès 1893, la *Montreal Park & Island* construisit une ligne, rue Lajeunesse, vers le nord, depuis la rue de Fleurimont, laquelle constituait le prolongement du circuit précédent. Ses tramways empruntaient ensuite une voie aménagée au milieu des champs, et qui conduisait jusqu'à Ahuntsic, dans l'axe de la rue Millen. Le circuit fut ensuite prolongé jusqu'au Sault-au-Récollet. Il connut lui aussi une belle popularité auprès des citadins friands de grand air, car après avoir traversé des terrains buissonneux, les véhicules entraient "en une verte vallée de prairies et de terres en culture", décrivait la publicité.

Mais les cyclistes affectionnaient particulièrement cette ligne, car les membres du *Tandem Club* de Montréal, pour ne mentionner que celui-là, avaient fait de l'hôtel Péloquin, à Ahuntsic, leur quartier général. Ils s'y regroupaient pour entreprendre de vivifiantes randonnées à travers les campagnes environnantes. L'établissement était aussi un lieu de prédilection pour les membres du *Montreal Hunt Club*.

Les prospectus de la compagnie vantaient aussi les charmes du Sault-au-Récollet, un "village canadien-français typique", avec ses maisons aux toits pentus, ses fours à pain extérieurs, ses croix de chemin et ses jardins à l'ancienne. De simples mots, disait-on, ne pouvaient exprimer l'impression de joie et de paix qui imprégnait l'atmosphère de ce bourg.

Dès le moment où les tramways urbains atteignirent le boulevard Crémazie, le point de départ de la ligne du Sault-au-Récollet fut la station Vervais, située à l'angle de cette artère et de la rue Lajeunesse. La boucle nécessaire aux trams se déployait devant un établissement alors fort populaire, l'hôtel Vervais, qui portait le nom de son propriétaire.

Il convient de rappeler qu'au début du siècle, on désignait sous le nom de Youville le secteur situé au sud de l'actuelle rue Jean-Talon, entre la voie du Pacifique Canadien et la rue Saint-Hubert. Parce qu'un ancien propriétaire de l'hôtel s'appelait Bougie, on avait donné son nom à un bureau de poste situé dans un magasin général de la rue Lajeunesse, du "chemin du Sault-au-Récollet", disait-on alors. Vers l'année 1900, l'exploitant du magasin général, M. Joseph Deschatelets, songea à substituer à la désignation Bougie du bureau de poste une autre qui rendrait hommage à un personnage de l'histoire et il proposa le nom de Youville. Il fit même signer une requête à cet effet et le gouvernement fédéral l'accueillit favorablement. À cette époque, ce secteur comptait environ 70 familles catholiques et relevait, tant du point de vue scolaire que religieux, de la paroisse de Saint-Laurent. Cette petite population fut desservie par la paroisse Notre-Dame-du-Rosaire de Villeray jusqu'en 1910, alors que fut fondée la paroisse Saint-Alphonse d'Youville.

Nous devons ces renseignements sur l'origine de l'appellation Youville à des notes recueillies par le regretté Conrad Archambault, qui, il y a plus d'un demi-siècle, a mis sur pied le Service des archives de la ville de Montréal.

L'un des premiers longs tramways de la ligne du Sault-au-Récollet faisant halte devant la petite station Saint-Vincent.

La *Montreal Park & Island* étendait aussi ses ramifications vers l'ouest jusqu'à Lachine, une randonnée de 9 milles. Les départs vers la lointaine banlieue s'effectuaient à toutes les 20 minutes, pendant la belle saison. Après Montréal-Ouest, les passagers étaient "emportés à toute vitesse pendant une demi-heure à travers des scènes pastorales". C'était une autre destination *familiale* sur les bords du fleuve. Non seulement pouvait-on y pique-niquer, y taquiner le poisson, y louer une embarcation, mais aussi y voir les vapeurs munis de roues à aubes sauter les légendaires rapides vers Montréal.

À partir de 1896, une autre option s'offrait aux Montréalais à la recherche de grands espaces et de parcs publics. En effet, le 6 novembre de cette année-là, on inaugurait une nouvelle ligne qui, depuis Maisonneuve, atteignait le Bout-de-l'Ile, via la Pointe-aux-Trembles et la Longue-Pointe.

Quant à ceux qui recherchaient une agréable façon de voir leur ville, la Compagnie de chemin de fer urbain était fière de ses tramways d'excursion "brillamment éclairés et garnis aux extrémités de vitraux peints". Elle en possédait 4, dotés de remorques pour promener les groupes. Ainsi, le 26 août 1895, le *Grand Trunk Boating Club* organisait une joyeuse randonnée pour 400 invités. Le mois suivant, les sergents du régiment des *Victoria Rifles* en faisaient autant au son des tambours et des clairons!

Mais, ne nous y trompons pas: il ne s'agissait par encore des *p'tits chars en or* qui allaient faire un peu plus tard la joie des touristes. N'empêche que lorsqu'ils entrèrent en service, ces tramways observatoires redonnèrent la vedette au circuit que la *Montreal Park & Island* avait rendu si populaire autour de la montagne.

Au fil des ans disparurent les grands espaces de l'île où les Montréalais pouvaient trouver une atmosphère campagnarde, et

C'est à travers champs que caracolaient les tramways de la ligne du Sault-au-Récollet, sur une voie simple jalonnée de postes d'évitement et de sémaphores.

Le brave *197*, l'un des *dinosaures* électriques qui assurèrent le service, rue Sainte-Catherine, à Montréal, après l'avènement du *Rocket*. Celui-ci roula d'avril 1895 jusqu'à la fin de 1904. Quarante passagers pouvaient y prendre place. Quand survenait l'hiver, on le remisait, car il n'était pas équipé pour assurer un confort suffisant.

Tout fiers de leurs *p'tits chars* électriques, les illustrateurs du début du siècle les associaient aux célébrations populaires. Il en fut ainsi lors de la pose de la pierre angulaire du nouvel édifice de *La Presse*, rue Saint-Jacques, à l'angle de la côte St-Lambert, à Montréal (aujourd'hui, rue Saint-Laurent), le samedi 21 juillet 1899.

les tramways n'offrirent plus ces circuits qui étaient censés nettoyer les fils d'araignée du cerveau. Paradoxalement, l'un des derniers tronçons de voies de tramway à franchir des champs exista à l'intérieur des limites de la ville: la ferme Benny. Celle-ci, un domaine de 160 acres qui s'étendait entre les avenues West Hill et Walkley, dans le quartier Notre-Dame-de-Grâce, résista jusqu'en 1947 à l'inexorable étreinte de la cité. Cette année-là, cependant, on y amorça la réalisation d'un projet de résidences à l'intention des soldats rentrés de la guerre.

Rodage d'un nouveau service

L'entrée en service des tramways électriques constituait une amélioration si notable du transport en commun que les usagers s'accommodèrent des quelques problèmes inhérents aux premiers balbutiements de la nouvelle formule. Si les chevaux s'habituèrent sans problèmes à ces véhicules qui ne recouraient plus à la traction de leurs congénères, certains citoyens se montrèrent plus réticents.

Ici et là, il se dégageait du contact des roues avec les rails de longues étincelles qui semblaient vouloir prendre les trottoirs d'assaut et qui s'accompagnaient souvent de stridents grincements, car on n'avait pas encore appris à meuler la voie. Les plus timorés hésitaient à monter à bord de véhicules qui *crachaient le feu*. D'autres se refusaient à braver le mystérieux *fluide* que captait le trolley. On parlait de risques d'électrocution, bien qu'il fallut attendre jusqu'à 1902 pour qu'un préposé fût suffisamment *chatouillé* par le courant pour faire la manchette.

L'incident se produisit le soir du 22 janvier, rue Sainte-Catherine, à l'angle de la rue Frontenac. L'employé grimpa sur le toit de son véhicule pour en vérifier la perche d'alimentation. Mal lui en prit, car il toucha un fil porteur de courant et fut projeté sur le sol. Il demeura abasourdi pendant quelques moments, puis décida de rentrer chez lui plutôt que d'aller à l'hôpital. Il s'en tira indemne.

On serait porté à croire que le wattman avait la vie belle comparativement à son collègue percepteur de tickets puisqu'il demeurait à l'intérieur, mais sa tâche l'épuisait physiquement. De la main gauche, il manipulait le *contrôleur*, un combinateur de couplage qui assurait la mise en route du véhicule par poussées successives. Son pied droit demeurait rivé à un timbre qu'il faisait entendre pour attirer l'attention de quelque piéton distrait ou pour demander de libérer la voie. Quant à sa main droite, elle demeu-

Caricature d'Edmond-J. Massicotte.
Le Monde Illustré, 20 juillet 1895.

rait toujours prête à actionner la *valve de freinage* au moyen soit d'une manivelle, soit d'une roue qu'il lui fallait tourner le plus rapidement possible, ce qui exigeait un gros effort physique. Ce que le wattman craignait le plus, c'était d'aller à la rencontre d'un cheval qui avait pris le mors au dents.

Quant au percepteur de tickets, on pensait qu'il ne travaillait que des cordes vocales pour annoncer les noms de rues. Si le trolley quittait son fil, c'est lui qui devait le replacer. Il lui fallait s'assurer qu'aucun passager ne tente de voyager à l'oeil et, entre les arrêts, il présentait sa boîte à perception à tout nouveau voyageur et devait avoir une bonne mémoire des physionomies. C'est seulement en 1905 que fut adoptée la formule du paiement à l'entrée, avec l'avènement des longs tramways. Le percepteur demeurait à l'extérieur, sur une plate-forme, placé entre deux portes. Il devait s'assurer que chacun payait son passage et, une fois tous les voyageurs à l'intérieur, il indiquait au wattman, au moyen d'un cordon, qu'il pouvait remettre le tramway en route. C'était donc une mesure additionnelle de sécurité.

Les pauvres percepteurs, enveloppés de chandails ou de vestes de laine sous leur uniforme, les pieds plongés dans des bottines de feutre, grelottèrent ainsi de nombreux hivers, en fait, jusqu'à l'invention, en 1917, de portes pliantes actionnées au moyen d'un mécanisme pneumatique. Dès lors, on supprima les portes intérieures, et les percepteurs purent, comme les passagers, bénéficier des modestes chaufferettes installées çà et là sur les parois des véhicules.

Au début, wattmans et percepteurs étaient payés un peu plus de 14 cents l'heure. En 1910, le taux horaire était de 19 cents l'heure pour les 3 premières années, de 20 cents pour les 2 années suivantes, puis de 21 cents. À ce moment-là, la compagnie possédait 500 tramways. Le prix du passage demeura à 5 cents de 1892 jusqu'à 1918, mais on vendait aussi les tickets à raison de 6 pour 25 cents. Les ouvriers bénéficiaient d'un tarif spécial, soit

Les chevaux s'habituèrent rapidement aux tramways électriques. Scène hivernale, rue Notre-Dame, à Montréal (circa 1894).

8 billets pour 25 cents tôt le matin et en fin d'après-midi, sur semaine, de même que les écoliers qui, eux, obtenaient 10 billets pour 25 cents.

C'est le 3 octobre 1918 que disparut le passage à 5 cents. La Commission des tramways le porta à 6 cents, diminua de 8 à 6, pour 25 cents, les tickets destinés aux ouvriers et coupa de 10 à 7, pour la même somme, ceux qu'utilisaient les écoliers.

Les anecdotes illustrant le service des premiers tramways électriques sont nombreuses. Il en est une dont les témoins ne furent pas près d'oublier. Elle a trait à une ménagère qui, pendant la période des Fêtes, s'était approvisionnée au marché Saint-Antoine, qui était situé rue Saint-Jacques, à l'angle de la rue de la Montagne. On y pouvait acheter de la volaille vivante. Cette citoyenne, plutôt bien coussinée, prit le tramway, tenant d'une main 2 poulets bien ficelés et de l'autre, une grosse dinde dont les pattes avaient été attachées au moyen d'un bout de corde à linge. La pauvre bête, portée la tête en bas, se mit à gigoter pour se libérer d'un inconfort certain, et ses ergots finirent par glisser dans le noeud trop lâche. Retrouvant l'usage de ses pattes, elle disparut entre les voyageurs, car le véhicule était bondé, et elle finit par s'enfouir la tête entre les jambes du wattman après avoir cherché refuge sous plusieurs jupes.

Le pauvre préposé à la conduite se demandait ce qui lui arrivait. Se sentant pressé par le volatile qui ne bougeait plus, il jouait du timbre pour libérer la voie et accroissait la vitesse du tram, brûlant ainsi plusieurs signaux d'arrêt. Il freina quand il se rendit compte de ce qui lui arrivait, et certains passagers en furent quittes pour refaire à pied un bout de chemin, en maugréant, se prenant sans doute pour... les dindons de la farce!

Il fallait avoir le mollet solide et le coeur bon pour gravir le grand escalier conduisant au sommet du mont Royal (circa 1882).

La Presse a ainsi reconstitué les circonstances de l'accident du 11 août 1906.

La ménagère s'en tira avec quelques remarques acrimonieuses de la part du wattman et du percepteur, non pour être montée dans le tramway avec des animaux vivants, mais pour ne pas avoir su nouer une corde!

Les tramways électriques roulaient depuis déjà 14 années dans les rues de Montréal lorsqu'on eut à déplorer une perte de vie attribuable au transport en commun, mais encore le garde-moteur, rivé aux rails, n'y fut-il pour rien. Le 11 août 1906, deux machinistes se déplaçaient dans une auto vers l'est, rue Sainte-Catherine, lorsque se présenta un tram. Pour l'éviter, le conducteur donna un coup de volant sur la droite, mais trois piétons traversaient la rue: un père, Antoine Toutant, sa femme et leur fille, Oswald. Le père eut le crâne fracturé, devenant ainsi, en réalité la première victime non du tramway, mais bien du teuf-teuf! Le jour même, les Montréalais apprenaient que Pie X venait de désigner saint Christophe comme patron des conducteurs d'automobiles!

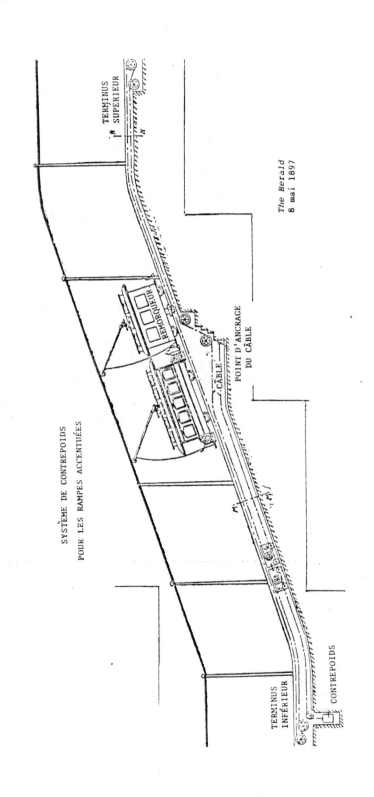

SYSTÈME DE CONTREPOIDS
POUR LES RAMPES ACCENTUÉES

TERMINUS SUPÉRIEUR

REMORQUEUR

POINT D'ANCRAGE DU CÂBLE

CÂBLE

TERMINUS INFÉRIEUR

CONTREPOIDS

The Herald
8 mai 1897

Gravir les rampes accentuées: un véritable défi

L'avènement de l'électricité avait révolutionné le transport en commun, mais quand il fut question de prolonger les lignes, vers le nord, dans la partie ouest de la ville, on se buta aux rampes qui gravissaient les contreforts de la montagne.

Ainsi, en 1897, on parla de prolonger les rails jusqu'au sommet de la côte des Neiges. Les ingénieurs jugèrent que celle-ci était trop prononcée pour assurer la sécurité des passagers.

C'est alors qu'on se tourna vers Providence, dans le Rhode Island, pour étudier un tout nouveau système, celui des contrepoids, qui faisait également ses preuves rue Washington, à Seattle, et sur Front Street à Portland, Oregon.

À Providence, une rampe longue de 700 pieds, horizontalement, accusait des inclinaisons de 7,5 à 15 pour cent. On avait creusé sous la voie un passage dans lequel circulaient des contrepoids accrochés à un câble sans fin qui, au moyen de deux rouets, se déplaçait soit du bas vers le haut, soit en sens contraire, selon que le véhicule devait gravir la rampe ou la descendre.

Dans le premier cas, les contrepoids devaient se trouver au sommet de la côte. Le tramway s'accrochait à la chaîne, ou encore à un petit wagon de service qui était solidement relié à celle-ci. En dévalant la côte, les contrepoids entraînaient véhicule et passagers vers le sommet et s'immobilisaient sur des amortisseurs. Ils revenaient à leur point de départ grâce au tramway suivant, qui devait évidemment rouler en sens inverse du premier. C'est alors lui qui ramenait les contrepoids à la tête de la rampe tout en bénéficiant d'une descente sans heurts et sans risque de bris du système de freinage. Le seul inconvénient de cette installation, c'est qu'elle devait compter essentiellement sur l'alternance stricte de la circulation des tramways dans les deux sens.

Au moment où l'on s'intéressa à cet ingénieux dispositif, on en mettait un en place à Englewood, Illinois, avec wagonnet remorqueur ancré de façon permanente à la chaîne. Le *Herald*, de Montréal, a publié une vue en coupe de ce système dans son numéro du 8 mai 1897.

Il n'existe aucun indice que l'on ait eu recours à ce procédé à Montréal. On peut penser que l'accroissement de la puissance motrice des tramways et l'amélioration des mécanismes de freinage l'auraient tôt rendu désuet.

L'accroissement de la puissance des moteurs permit éventuellement aux tramways de gravir la rampe accentuée de la Côte-des-Neiges, mais on résolut d'en faciliter la montée par l'acquisition d'un droit de passage qui s'amorçait sur la gauche à partir de l'arrière des appartements *Gleneagles*, un complexe domiciliaire construit en 1930. En 1959, au moment de la suppression des tramways, ce droit de passage devint la rue McDougall pour honorer la mémoire d'un architecte réputé, ancien membre du conseil municipal, qui résidait dans les environs.

La grève fait de Montréal une *cité des morts!*

C'est en tout cas l'impression que ressentit un journaliste de *La Presse* en mettant le nez dehors, le matin du 6 février 1903: la grève des *p'tits chars* venait d'être déclarée.

"Le son du gong des tramways auquel nos oreilles sont si habituées ne se faisait plus entendre, constatait le reporter sur un ton lyrique; on ne voyait plus de loin en loin les lumières mouvantes sur les rails, on n'apercevait plus les étincelles bleuâtres se détacher des fils électriques avec un bruit sec de craquement, enfin, on ne voyait plus les gens attendant avec impatience au coin des rues pour savoir combien la voiture espérée était en retard. Jamais une grève n'a suscité autant d'intérêt dans toute la population de la ville de Montréal, puisqu'elle touche de près chaque citoyen en particulier, depuis le riche actionnaire, qui voit avec désespoir baisser ses points jusqu'à la petite ouvrière aux épaules maigrelettes et aux souliers éculés qui est obligée de parcourir trois, quatre ou cinq milles à pied pour se rendre à son travail et revenir, le soir, au foyer."

Bien sûr, l'actionnaire aurait pu être gringalet et l'ouvrière bien en chair, mais la résonnance n'aurait pas été la même chez le lecteur!

Toute la soirée précédente, des milliers d'employés s'étaient massés dans la grande salle du marché Bonsecours, car la compagnie leur refusait la faculté de se former en syndicat. C'était la première fois, insistait le gérant général de la compagnie, M. F.L. Wanklyn, qu'un tel malaise survenait entre les parties. Quatre ans plus tôt, n'avait-on pas augmenté les salaires du personnel? Les employés ne bénéficiaient-ils pas gratuitement d'une assurance contre la maladie et les accidents? Wattmans et percepteurs de tickets ayant 5 ans de services et plus ne recevaient-ils pas gratuitement un uniforme assorti d'un képi et d'un

En 1885, à St. Louis, Missouri, lors d'une grève de conducteurs de tramways, on fit sauter un *char urbain* à la dynamite. Le préposé s'en tira sans égratignure.

paletot? En 1902, ces deux catégories d'employés n'avaient-elles pas bénéficié d'un autre accroissement de salaire?

Au marché Bonsecours, un jeune avocat, John Bumbray, chauffait la salle. "Vous qui courbez les épaules sous la tyrannie, n'êtes-vous pas décidés à secouer le joug?" Puis, il sépara les *boucs* des *brebis* en invitant ceux qui s'opposaient à la grève à se rendre dans un coin de la salle. Le *vote* était pris! On se quitta à minuit.

Le lendemain, donc, pas de tramways. Il y avait tant de piétons, rues Sainte-Catherine, Saint-Jacques et Saint-Laurent, constatait *La Presse*, que l'on se serait cru à New York, sur le Broadway. Comme il faisait relativement doux, de nombreuses bicyclettes firent leur apparition. Les cochers de place firent des affaires d'or et tous fumèrent le cigare, signala le journal.

De façon générale, le public se montrait sympathique aux grévistes à qui certains portaient de la nourriture, du tabac, des boissons. Quand la compagnie tenta de mettre quelques tramways en service, il y eut des accrochages et des vitres volèrent en éclats, mais ce fut tout. Dès le lendemain, la partie patronale accepta le principe que son personnel adhérât à une association, mais elle refusait que celle-ci fût celle que les chefs ouvriers avaient voulu établir, ceux-ci ayant été congédiés dans une tentative de tuer le mouvement dans l'oeuf.

La grève dura 48 heures. Le service reprit le dimanche 8 février. "S'il n'avait fallu marcher, écrivait *La Presse*, on ne se serait jamais aperçu qu'il y avait du trouble en ville, une lutte entre les plus grands capitalistes de Montréal et leurs employés!" La compagnie avait cédé sur tous les points: reconnaissance syndicale, augmentation immédiate de 10 pour cent de tous les salaires, création d'un comité de griefs, fin des congédiements décrétés

La partie inférieure des flancs des premiers tramways électriques était cintrée, ce qui leur donnait une certaine sveltesse. Celui-ci roule devant l'édifice du bureau de poste, rue Saint-Jacques, à Montréal, (vers 1900).

sans avoir entendu au préalable l'employé concerné, révision des cas de congédiements. Elle se réservait cependant le droit d'engager du personnel non syndiqué.

Ainsi se termina la première grève à survenir dans le transport en commun. Elle ne devait pas être la dernière!

La rive sud reliée à Montréal

Les citoyens qui habitaient la banlieue et qui bénéficiaient d'un confort moyen de transport firent bientôt l'envie de la population de la rive sud et des citadins qui souhaitaient y posséder une maison secondaire.

En 1860, on avait inauguré le pont Victoria, une structure *tubulaire* disait-on. C'était en fait un long pont couvert, ne comportant qu'une voie, et dont la toiture était percée d'ouvertures par lesquelles s'échappait la vapeur des locomotives. À la fin du siècle, on décida de le reconstruire et de le doter, cette fois, de deux voies ferrées, de même que de chaussées routières et de deux trottoirs. L'une des voies ferrées devait servir éventuellement à la circulation de tramways électriques. C'est un prince de Galles qui, en 1860, était venu expressément pour dévoiler la pierre angulaire de la nouvelle structure: le futur Édouard VII. C'est un autre prince de Galles qui, en 1901, coupa le ruban inaugural du pont reconstruit: le futur George V.

Il n'en fallait pas plus pour susciter l'intérêt des hommes d'affaires. Il en résulta l'incorporation, par charte fédérale, de la *Montreal and South Shore Auto Car Company, Ltd.* Le conseil d'administration se composait de MM. S.T. Willett, de Chambly, président, Peter Lyal, vice-président, R.C. Smith, William Mitchell, sénateur, W.B. Powell et H.C. Elliott, ces 5 derniers de Montréal, L.-E. Morin, de Longueuil, et George D. Perry, secrétaire-trésorier. La liste des actionnaires comportait plusieurs marchands de Montréal et quelques capitalistes du Nouveau-Brunswick.

La compagnie avait négocié un droit de passage sur le pont Victoria, auprès du Grand-Tronc, et ses voitures devaient assurer le service depuis le square Victoria jusqu'à Saint-Lambert, avec une bretelle conduisant au *Victoria Country Golf Club,* au *Hunt*

Club, de même qu'aux *Montreal Polo Grounds*. On espérait que l'amélioration des routes permettrait de rallier éventuellement Montréal-Sud et Longueuil.

Les voitures avaient été conçues avec soin, au point de vue mécanique, avec une touche d'élégance. Mues par un moteur d'une puissance de 20 chevaux, elles pouvaient prendre 22 passagers chacune à leur bord. On y accédait par l'extrémité droite au moyen de marches donnant sur un vestibule. La caisse était faite de panneaux de peuplier posés sur un châssis blanc cendré. Avec leur fini intérieur en cerisier, leurs sièges capitonnés de cuir, leurs miroirs biseautés, leurs stores et leurs fenêtres ouvrantes, les voitures étaient du tout dernier cri. C'est à la feuille d'or que l'on avait inscrit le nom de la compagnie de chaque côté. Un feu avant, à l'acétylène, éclairait la voie et annonçait l'arrivée prochaine du tram.

C'est à la fin de mars 1904 qu'arrivèrent les premières voitures. Elles avaient été commandées à une firme des États-Unis, mais les directeurs se proposaient de confier la construction des autres à des ateliers canadiens.

L'inauguration de ce nouveau service fut saluée comme un événement important susceptible de mettre de nouvelles banlieues à la portée de citadins qui devaient élever leur famille dans l'atmosphère ingrate des centres urbains. L'ouvrier, le commis, rappelait le *Herald* (12 mars 1904), n'ont pas un revenu qui leur permettrait de profiter d'un environnement suburbain au moins pendant la saison estivale. Or, de tels services de transport leur donnent l'occasion d'habiter à la campagne toute l'année et de ne venir en ville que pour leur travail. Ils peuvent ainsi débarrasser leur cerveau des toiles d'araignée acquises à l'usine ou au bureau et profiter des mêmes agréments que les personnes dont les *résidences d'été* figurent dans l'almanach des adresses.

Le 30 avril 1916, le premier tramway venu de Montréal débouchait sur la rue Principale à Granby. La population entière, fanfare en tête, alla à sa rencontre. Cette anecdote illustre à quel point ce moyen de transport en commun a contribué non seulement à l'essor de la rive sud du fleuve, mais aussi de régions situées bien au-delà.

Le *Corsican*, vapeur mû par des roues à aubes, passe majestueusement sous le pont Victoria, qui ne possède encore qu'une voie et qui a été inauguré en 1860 (circa 1882).

"Changez de char!" - Sus aux rats de tramway!

Après avoir goûté à la commodité des *chars urbains*, les citadins n'auraient pu s'en passer, mais comme tous les services publics, on les surveillait d'un oeil critique. Pendant quelques années, au conseil municipal, l'échevin L.-A. Lapointe fut probablement la bête noire du réseau. Il s'en est pris de façon particulière à deux problèmes.

Il pesta tout d'abord contre le fait que les tramways additionnels mis en circulation pendant les heures de pointe reprenaient trop tôt les voies de garage et dénonça "l'horripilant et insolent *Changez de char!* des conducteurs", allant jusqu'à suggérer la nomination de constables spéciaux chargés de s'assurer que la compagnie observait les obligations qu'elle avait contractées.

L'horaire, dit-il, n'est pas respecté, le service est mauvais, surtout dans les parties est et nord de la ville. Parfois, un tramway rempli de passagers les déverse à un point du parcours, les obligeant à attendre le suivant, qui est lui-même souvent trop pris d'assaut pour les prendre au passage, les *extras* s'étant aussi délestés à quelque point du parcours.

Sans doute jugeait-on qu'on ne pouvait faire échec à de tels inconvénients: un passager obligé de descendre de voiture en un point intermédiaire du circuit fit assigner la compagnie à la Cour du recorder, mais il y perdit son procès. C'était en 1905.

La même année, l'échevin Lapointe alignait encore une fois les tramways dans son collimateur, mais pour une autre pratique, nouvelle cette fois.

La compagnie estimait que trop de passagers négligeaient de payer leur passage, surtout aux heures de pointe. Elle estimait qu'une telle indélicatesse lui coûtait 15 pour cent de ses recettes et qu'il fallait courir sus aux *rats de tramway*. Celui que l'on désignait populairement comme le *conducteur* percevait les tickets à l'intérieur de la voiture; en fait, il ne conduisait rien, et les aînés se souviendront que l'on appelait *garde moteur* l'employé qui était aux commandes.

Donc, pour faire échec aux resquilleurs, on décida de faire payer les voyageurs au moment où ils monteraient en voiture. L'échevin Lapointe accusa la compagnie d'accroître ses recettes au détriment du bien-être et de la santé de la clientèle. Le quotidien *La Presse* fit sienne cette critique. Aux heures de grand achalandage, surtout aux points de correspondance, dit-elle, l'encombrement sera paralysant. Pour peu que des passagers doivent acheter des billets, vérifier la monnaie et demander une correspondance, "on voit le résultat que donne le char génial de la compagnie". Le journal proteste contre l'obligation, en plein hiver, d'enlever ses gants et de déboutonner son paletot pour atteindre son porte-monnaie. Et, ajoute-t-il, quelle tentation pour les pickpockets! "Que dire de cette maman portant son rejeton emmitouflé? poursuit-il. Va-t-on l'obliger à le déposer sur le trottoir pour qu'elle puisse trouver le petit morceau de carton ou la piécette qui lui permettra de se faire paqueter comme une sardine et demie?"

Car, dans l'esprit du journal, ce problème résulte essentiellement de ce que la compagnie a toujours violé l'une des clauses de son contrat en se permettant de transporter "plus de passagers que ses chars ne peuvent en contenir commodément" (section 20 du règlement 210). Et puis, comment le *conducteur*, retenu par la perception à l'extérieur de la caisse de la voiture, pourra-t-il renseigner les voyageurs et annoncer les noms de rue comme l'exige le contrat?" (section 16). Enfin, le contrat exigeait que tout nouveau modèle de tramway fût approuvé par les autorités municipales (section 3).

"Hélas! termine le journal, depuis que la compagnie a obtenu son contrat, c'est-à-dire depuis 1892, le monopole a agi à sa guise, se moquant du public comme de Colin Tampon, prenant à l'assaut les rues qu'on ne voulait pas lui donner, modifiant ses circuits à sa volonté, faisant construire ses appareils en dehors de Montréal, en un mot ignorant complètement ses obligations, ses devoirs envers le public pour ne se souvenir que de ses intérêts" (*La Presse,* 7 novembre 1905).

Et vlan!

Parce que le tramway offrait un service essentiel au public, il fut rapidement une sorte de bouc émissaire responsable de tous les problèmes qu'éprouvaient les passagers. Pourtant, certains voulurent lui confier des tâches peu en rapport avec sa mission, notamment l'arrosage des rues (circa 1892).

Le tramway électrique, facteur d'essor urbain

Il ne faudrait pas croire que l'électrification du réseau des tramways s'était faite sans heurts. C'est au terme d'une réunion houleuse du bureau de direction de la Compagnie de chemin de fer urbain, le 17 mai 1892, qu'avait été entériné le projet du réputé financier L.-J. Forget. Celui-ci, avant la fin de l'année, devait accéder à la présidence.

Le succès de l'entreprise fut pour ainsi dire instantané. La compagnie connut une prospérité telle qu'il lui fut possible d'accroître à plusieurs reprises son capital social tout en versant un dividende de 8 pour cent aux actionnaires. En 20 ans, la longueur des voies passa de 50 km à 368 km et le nombre des usagers se multiplia par près de 15 pour dépasser les 107 millions en 1910.

Jusqu'à l'avènement du tramway électrique, les distances constituaient un véritable carcan qui paralysait l'essor de la ville, dont les limites pouvaient difficilement dépasser les 3 ou 4 kilomètres du centre. Dès lors, ce rayon pouvait atteindre commodément les 8 à 10 km, une distance franchie plus rapidement et dans un confort jusque là inégalé.

Il est certain que le tramway électrique a été un facteur de premier plan dans l'expansion économique et territoriale de Montréal. C'est d'ailleurs pendant cette période de grand développement du transport en commun que la ville entreprit d'annexer les faubourgs environnants.

Déjà, en 1883 et 1886, Montréal avait conquis deux voisines, les villes d'Hochelaga et de Saint-Jean-Baptiste. Cette dernière municipalité, qui avait été détachée en 1861 du village de la Côte-Saint-Louis, avait pour limite sud l'actuelle rue Duluth, qui portait d'ailleurs auparavant l'appellation de rue Saint-Jean-Baptiste.

En 1893, la ville de la Côte-Saint-Louis entrait à son tour dans le giron montréalais; son hôtel de ville, un bel immeuble, existe toujours, rue Laurier, côte nord, près de l'angle du boulevard Saint-Laurent.

Puis, les annexions marquèrent le pas pendant quelques années. Elles reprirent avec une ardeur nouvelle en 1905. Enumérons-en quelques-unes:

1905 - villes de Sainte-Cunégonde et de Saint-Henri; municipalité du village de Villeray;

1906 - partie du village de Rosemont; partie de la paroisse du Sault-au-Récollet;

1907 - partie de la paroisse Saint-Laurent;

1908 - partie du village de Rosemont; ville de Notre-Dame-des-Neiges; autre partie de la paroisse du Sault-au-Récollet;

1909 - village de De Lorimier; partie de la ville d'Outremont.

Mais c'est en 1910 que l'appétit de Montréal se montra pour ainsi dire insatiable, avec les annexions suivantes: Ville-Émard, Ville-Saint-Paul, ville de Saint-Louis, ville de la Côte-des-Neiges, ville de Notre-Dame-de-Grâce, village de Rosemont, village de Tétrauville, village de Beaurivage-de-la-Longue-Pointe, village d'Ahuntsic, ville de Bordeaux, ville de la Longue-Pointe et une autre partie de la paroisse de Saint-Laurent. Quelle digestion administrative en perspective!

Nous nous arrêtons à cette année 1910, car une telle énumération suffit à démontrer à quel point l'essor de Montréal s'est manifesté en parallèle avec les poussées tentaculaires du transport en commun.

Bordeaux, Cartierville, le Sault-au-Récollet, la Longue-Pointe, le Bout-de-l'Île, Lachine étaient à *portée de tramway* de Montréal. Le transport en commun exerçait une telle fascination auprès des populations de la banlieue que même si Bordeaux ne devait en connaître les bienfaits que vers 1920, le *Canadian Municipal Journal*, dans son numéro de septembre 1908, en mentionnait déjà les avantages. "On se rend à Bordeaux, y mentionnait-on, par les trains du chemin de fer Pacifique Canadien, au nombre de douze chaque jour, pour le prix de cinq cents par voyage, tandis que d'un autre côté les chars électriques de la Ligne de Ceinture de la Montagne viennent à proximité de la ville, à Ahuntsic et à Cartierville." Une *proximité* toute relative, puisqu'il y avait bien de 2 à 3 kilomètres de part et d'autre de Bordeaux pour atteindre Ahuntsic ou Cartierville. Le lecteur aura deviné que si le périodique mentionné plus haut mentionne la "Ligne de Ceinture de la Montagne", c'est que la *Montreal Park & Island Railway Co.*, qui assurait ce circuit, gérait aussi les lignes conduisant à Cartierville et au Sault-au-Récollet (via Ahuntsic).

Bien sûr, les promoteurs immobiliers surent tirer profit du fait que de nouveaux quartiers devenaient accessibles grâce au prolongement des voies. On ne se gêna pas pour dénoncer l'appétit de certains d'entre eux lorsqu'il s'avérait excessif, mais la mise en valeur de terrains qui étaient demeurés improductifs jusque là témoignait de la prospérité résultant des ramifications du transport en commun.

Dès 1902, soulignons-nous ailleurs, les tramways urbains circulaient, rue Saint-Denis, jusqu'à la rue Bélanger, où une voie les amenait jusqu'à la rue Christophe-Colomb, d'où ils revenaient à la rue Saint-Denis par la rue Isabeau (aujourd'hui rue Jean-Talon).

Deux des promoteurs immobiliers les plus actifs, à cette époque, étaient Charles-H. Laflamme et Robert Bruce Johnston. Les bureaux de leur entreprise étaient situés rue Saint-Jacques, mais

Le point d'arrivée au *parc* Amherst, à Montréal, en 1905. À ce moment-là, les promoteurs Laflamme et Johnston s'employaient à mettre en valeur des terrains que les tramways urbains avaient *rapprochés* du centre-ville.

ils maintenaient deux succursales, l'une rue Ontario, dans la ville de Maisonneuve, et l'autre à l'angle des rues Bélanger et Amherst, dans les *highlands* du "parc Amherst". Dans un album publié à Toronto en 1905 et intitulé *The Book of Canada*, on chante sur une page complète les charmes de ce *parc* qui n'en fut jamais un.

Ces promoteurs, y lit-on dans le style emphatique de l'époque, s'emploient à convaincre les citoyens de l'importance de posséder un terrain à bâtir dans l'île de Montréal, qui est à la veille de devenir "le grand centre du Canada comme l'est New York pour les États-Unis". Rien de moins.

Le principal domaine que ces messieurs s'efforcent de mettre en valeur est connu sous le nom d'*Amherst Park Highlands*. Il a été loti en des terrains dont le prix de vente va de 125$ à 450$ pièce, et que l'on peut acquitter au moyen de versements. Le secteur est desservi à toutes les 3 minutes par la ligne de tramways de la rue Saint-Denis, une affirmation qui frisait la fausse représentation, car l'auteur de ces lignes peut témoigner de ce que, un demi-siècle plus tard, on ne connaissait pas encore une telle fréquence, sauf peut-être aux moments d'extrême pointe!

"Ce domaine, poursuivait le message, situé sur le secteur élevé de la ville, bénéficie de l'inestimable avantage de l'air pur, d'un splendide approvisionnement en eau potable, d'une atmosphère libre de toute fumée et de tout bruit, de la proximité des écoles et des églises, loin de tout danger d'inondation."

Et la page s'ornait d'une photo illustrant le point d'arrivée au *parc*: un kiosque de l'*Amherst Park Land Co.* flanqué de 2 tramways.

Les aînés se souviennent sans doute qu'aux heures de pointe, il y a un demi-siècle, les tramways de la rue Saint-Denis, qui avaient le Sault-au-Récollet pour destination ultime en temps

Caricature illustrant la couverture du *Standard Magazine*, numéro du 19 juillet 1947. Elle traduisait bien la popularité des *p'tits chars en or*.

normal, déversaient parfois leurs passagers à la station Isabeau pour revenir vers le centre-ville y prendre une nouvelle fournée de *sardines.*

C'était *l'bon temps!*

Des *p'tits chars* à tout faire

Bien sûr, c'était pour le transport des voyageurs que l'on avait mis en place un système de tramways urbains, mais dès que les circuits s'électrifièrent, on songea à y recourir pour des tâches d'une grande diversité.

La compagnie devait non seulement entretenir ses voies, mais aussi les débarrasser de la neige. Elle s'était munie à cet effet de wagons plates-formes pour le transport des matériaux et, l'hiver, on les équipait de charrues frontales et latérales. Ces tramways utilitaires, dit-on, servirent à combler de terre et de pierre les berges du fleuve à Verdun, à La Salle et à Ville Saint-Pierre. On y avait parfois recours pour charroyer les ordures ménagères aux dépotoirs municipaux.

On s'était également muni de draisiennes pour l'inspection des voies et la réparation et l'entretien des aiguillages. Au début des années '30, la compagnie en possédait au moins une quarantaine.

Pendant la première guerre, on mit en service des balais-charrues équipés de souffleries, mais il fallut ne les utiliser que sur les circuits excentriques, car la neige et la glace projetées avec force brisaient trop de carreaux. L'été, ces engins servaient parfois de locomotives dans les quartiers commerciaux et industriels pour le déplacement des wagons de fret.

Et puis, il y avait des trams à un seul bogie que l'on voyait rarement le jour: leur rôle était de meuler les rails, et c'est essentiellement la nuit qu'ils se livraient à ce va-et-vient.

Dès après l'expérience prometteuse du *Rocket*, le premier tramway électrique de Montréal (1892), on suggéra d'avoir recours à un véhicule semblable pour l'arrosage des rues. Selon *Le Monde Illustré* (22 octobre 1892), un tel tramway devrait avoir l'apparence des autres pour ne pas effrayer les chevaux, mais être en réalité un grand réservoir rempli d'eau. "Cette eau, expliquait le périodique, est distribuée sur la voie et de chaque côté au moyen d'un tuyau horizontal percé de nombreuses ouvertures. Le tuyau est disposé de telle façon que les parties excédant la voie peuvent être ramenées le long du char, par une manoeuvre facile, et livrer ainsi libre passage aux quelques véhicules peu nombreux qui se rencontreraient sur la rue aux heures ordinaires de l'arrosage. Deux hommes, qui se tiennent à l'avant, suffisent à manoeuvrer le char et le tuyau."

On pensera peut-être que l'idée fut jugée farfelue? Pas du tout: lorsqu'on 1911 il fut procédé à l'élaboration d'un nouveau contrat, le conseil municipal demanda à la compagnie si elle était disposée à assumer l'arrosage des rues, à quoi il fut répondu que l'affaire pourrait être examinée plus tard, faute de données qui permettraient de l'analyser tout de suite.

Au début du XXe siècle, il existait encore de nombreuses fermes en exploitation un peu partout dans l'île de Montréal. La compagnie qui exploitait le circuit conduisant au Bout-de-l'Île assurait chaque jour la cueillette des bidons de lait, que les fermiers déposaient sur des plates-formes placées au niveau des tramways. Sauf erreur, les agriculteurs que desservait la ligne de Cartierville lorsqu'elle fut prolongée à travers Saint-Laurent jusqu'au boulevard Gouin bénéficiaient du même service. Il ne faut pas s'en étonner: les trains entre Montréal et Québec s'acquittaient d'un semblable rôle, sauf que, dans leur cas, les producteurs laitiers devaient porter leurs *canistres* à la gare la plus rapprochée. Il devint proverbial de dire qu'il y avait deux types de convois ferroviaires entre Montréal et Québec: le rapide et le *p'tit train des canisses à lait*. Comme l'auteur de ces lignes s'en souvient, cela ne le rajeunit pas!

Tout comme les cheminots, qui assuraient la liaison entre les grandes villes et qui eurent tôt le sentiment d'appartenir à une

Le premier tramway observatoire, d'après un dessin paru dans le numéro de novembre 1977 de *Promenade*.

sorte d'archiconfrérie professionnelle, nos wattmans, nos percepteurs de tickets et les techniciens qui les assistaient avaient un sens aigu de la fraternité. D'ailleurs, tant et aussi longtemps que le personnel demeura en contact quotidien avec la clientèle, tous les préposés ne portaient-ils pas un uniforme qui, au moyen de galons dorés, à raison de 5 années chacun, révélait le nombre des années de services de chacun?

À cette époque, les fanfares animaient les kiosques des parcs publics de concerts populaires qui attiraient les badauds: nos premières *maisons de la culture*. Le personnel des tramways avait sa propre fanfare et quelque musicien imaginatif de l'ensemble songea à le doter d'un kiosque... motorisé. Ainsi vit le jour le *p'tit char de la fanfare*, un véhicule garni de gradins qui fut bientôt de tous les défilés. Pendant qu'un *Sousa* du cru maniait artistement la baguette, un préposé tenait habilement le câble du trolley au cas où celui-ci ne résisterait pas à la tentation, dans les courbes, de déserter son fil d'alimentation sous l'influence d'harmonieuses mélopées. C'est dès l'année 1900 que le *p'tit char de la fanfare* fit vibrer les rues de la ville de ses accents cuivrés.

Mais le réseau possédait aussi son *p'tit char* officiel. On l'avait conçu pour faire visiter la ville aux personnages de marque et on l'utilisa à cette fin pendant une vingtaine d'années. Il était doté de fauteuils en jonc et d'un bar. Les deux employés qui lui étaient assignés portaient des gants blancs.

Les tramways observatoires

Les grandes expositions internationales ont toujours suscité d'intéressants projets ayant pour but de véhiculer les foules. Ainsi, en 1967, à Montréal, l'expo-express et le minirail assuraient le déplacement des visiteurs qui parcouraient "le monde en 400 hectares". Il en avait été ainsi en 1904 lors de l'Exposition de Saint-Louis, Missouri, C'était pour ainsi dire l'âge d'or du tramway électrique, qui était devenu un peu partout en Amérique du Nord, particulièrement à Montréal, un important facteur de développement urbain. Quoi de plus naturel que de se tourner vers ce mode de transport sur les terrains de l'exposition?

Mais on n'allait pas se contenter de petits véhicules traditionnels: il faudrait en concevoir qui conviendraient à une atmosphère de fête, qui brilleraient de divers feux. De la planche à dessin surgit un modèle répondant aux exigences de l'emploi; les usagers prenaient place en quelque sorte sur des *estrades*, des bancs disposés sur des gradins placés dans le sens de la longueur, mais dos à dos, de façon que le regard portât vers l'extérieur afin d'assurer un meilleur coup d'oeil sur les pavillons entre lesquels circulaient les rames.

Cette initiative ne tomba pas dans... l'oeil d'un aveugle lorsque le nouveau surintendant du matériel roulant de la *Montreal Street Railway Company*, M. David E. Blair, visita l'exposition. C'est ainsi que germa dans son esprit l'idée d'ajouter aux revenus de l'entreprise par la mise au point d'un prototype de tramway sans toit, muni de gradins transversaux, que souhaiteraient sûrement emprunter non seulement les Montréalais friands de ballades, mais aussi les touristes.

Au départ, les directeurs se montrèrent peut-être un peu sceptiques. Ils autorisèrent M. Blair à faire construire un prototype, mais remirent à plus tard leur décision quant à sa mise en service, leurs conseillers juridiques ayant semble-t-il exprimé l'avis que s'il fallait que l'usager paye plus cher que le prix des tickets prévu au contrat liant la compagnie à la ville, il pourrait en résulter quelque contestation. On trouva probablement une façon de circonvenir l'objection, car ce premier tramway observatoire suscita une clientèle suffisante pour motiver la construction d'un deuxième, qui fut mis en service dès 1906.

C'était une formule heureuse, et que devaient adopter plus tard les villes de Québec, de Vancouver et de Calgary. À Montréal même, il fallut en construire deux autres, en 1924, et sans doute les aînés en gardent-ils une mémoire visuelle, car ils roulèrent jusqu'en 1957, sauf en 1943 et 1944, car il fut alors jugé que l'effort de guerre avait préséance sur les loisirs.

On s'étonnera peut-être, à prime abord, de ce que les citadins se soient intéressés à des véhicules qui, pensera-t-on, n'auraient dû retenir normalement que l'attention des touristes. C'est que le premier circuit faisait le tour de la montagne et qu'en début de siècle, les contreforts du mont Royal, côté nord, s'étageaient dans un décor plutôt rural qu'urbain. On conçoit dès lors que les Montréalais, après avoir suffoqué sur semaine sous la chaleur du centre-ville, aient eu le goût de s'offrir une ballade *à la campagne*, en fin de semaine, à bord de tramways sans toit et ouverts aux quatre brises. Cet attrait qu'offraient aussi les banlieues allaient contribuer d'ailleurs à la popularité des circuits qui devaient ouvrir à la villégiature les bords de la rivière des Prairies, depuis Cartierville jusqu'au Sault-au-Récollet.

Saluons l'initiative de l'ingénieur Blair qui, avant de prendre sa retraite, devait occuper les postes de gérant général et de vice-président de sa compagnie, de gérant général de la Compagnie des tramways de Montréal, puis d'ingénieur conseil auprès de la Commission de transport de Montréal. Son prototype de tramway observatoire était de toutes les fêtes. C'est ainsi qu'en 1908, on lui confia tous les invités qui participèrent à l'inauguration de la nouvelle ligne de Notre-Dame-de-Grâce.

Mais, avec le passage du temps, on se plaignait du fait que l'itinéraire des tramways observatoires favorisait l'essor de la partie ouest du centre-ville au détriment de l'est. On devrait, pensait-on, donner aux touristes l'occasion de s'apercevoir qu'il existait dans ce dernier secteur non seulement des attraits dignes de leur attention, mais aussi des commerces susceptibles de retenir celle de leur bourse.

Au printemps de 1949, la Commission des tramways de Montréal donnait suite aux représentations du conseil municipal. Dès la reprise du service d'été, les *p'tits chars en or*, ainsi qu'on les désignait affectueusement, emprunteraient deux itinéraires distincts, à partir d'un point de départ commun: l'angle des rues Sainte-Catherine et Peel. Circuit *ouest*: rue Sainte-Catherine, avenue du Parc, avenue Laurier, chemin de la Côte-Sainte-Catherine, chemin Bellingham, avenue Maplewood, avenue Decelles, chemin Queen Mary, avenue Girouard, rue Sherbrooke, avenue Atwater, rue Saint-Luc, rue Closse et rue Sainte-Catherine jusqu'au point de départ. Circuit *est*: rue Sainte-Catherine, avenue Delorimier, rue Ontario, avenue Papineau, rue Rachel, boulevard Saint-Laurent, avenue du Mont-Royal, avenue du Parc, avenue Laurier, chemin de la Côte-Sainte-Catherine, chemin Bellingham, avenue Maplewood, avenue Decelles, chemin Queen Mary, chemin Côte-des-Neiges, rue Guy et rue Sainte-Catherine jusqu'au point de départ.

Les deux tramways observatoires du circuit ouest portaient l'identification "Avenue du Parc - Snowdon", et ceux du circuit est: "Parc Lafontaine - Côte-des-Neiges". On estimait alors que la clientèle des tramways observatoires s'établissait annuellement à 200 000 passagers. Il étaient devenus un attrait de première importance pour les touristes et les éditeurs de cartes postales, surtout à cause de leur dorure et des ampoules qui, réparties sur deux supports en forme d'arc au-dessus des passagers, les faisaient briller de mille feux quand le soir tombait sur la cité, ce qui d'ailleurs alimentait parfois le lyrisme de nos journalistes. "Venise a son pont des Soupirs, reconnaissait *Photo-Journal* (9 août 1951), tout comme Pise a sa Tour Penchée, et New York, sa Statue de la Liberté, mais les Montréalais n'en sont pas jaloux du tout, car ils ont, oui, ils ont leurs *p'tits chars en or.*"

La différence, bien sûr, est que Pise et New York ont conservé les attraits qui les caractérisent, mais que depuis longtemps, Montréal a perdu ses tramways observatoires, conservant heureusement

Les *p'tits chars en or* étaient de toutes les fêtes et permettaient aux citoyens et aux touristes de voir les plus beaux attraits de la ville. Celui-ci, en 1908, conduisait les dignitaires invités à l'inauguration du nouveau service de Notre-Dame-de-Grâce.

C'est le programme de remplacement des tramways par des autobus qui signa l'arrêt de mort de ces véhicules si populaires qui avaient parcouru les rues de la ville depuis plus d'un demi-siècle. En 1955, 117 819 personnes avaient fait grâce à eux l'agréable promenade du tour de la montagne.

cette croix lumineuse du mont Royal qui l'identifie toujours à coup sûr!

Au printemps de 1954, les populaires véhicules ouverts, peints de jaune et d'or, entreprenaient leur 50e saison. La première année, le wattman recevait 19 cents l'heure; en 1954, son salaire horaire s'établissait à 1.55$. Le tarif avait été doublé, soit 50 cents, mais il demeurait à 25 cents pour les enfants. On prévoyait que la saison suivante (1955) serait la dernière, car on annonçait pour 1956 l'enlèvement des rails, rue Sainte-Catherine. Aussi, vers la fin de juillet 1955, la Commission de transport invita-t-elle des journalistes et leur famille à une *ultime* tournée d'adieu. On n'exploitait plus l'itinéraire est et Montréal demeurait la dernière ville du continent à offrir un tel service aux touristes. Les amoureux, écrivait l'un des invités, Glenn McDougall, dans le *Herald* (20 juillet 1955), seront ceux des habitués qui regretteront le plus la disparition de ces tramways, car ils étaient tentés de s'y enlacer toute la soirée et les préposés avaient appris à fermer les yeux à leur égard.

Mais les *p'tits chars en or* n'allaient pas si facilement passer l'arme à gauche, même si on allait les priver de leurs rails en 1956, rue Sainte-Catherine. On leur donna un sursis jusqu'à l'année suivante, en leur imposant un nouvel itinéraire. Point de départ, place d'Armes. De là, rue Saint-Jacques vers l'ouest jusqu'à la rue McGill, puis celle-ci jusqu'à la rue Craig. Virage vers l'est jusqu'à la rue Bleury. Ici, les trams tournaient vers le nord en empruntant cette dernière rue et en continuant sur son prolongement, l'avenue du Parc, jusqu'à l'avenue Laurier. Virage à gauche, soit vers l'ouest, pour emprunter le chemin de la Côte-Sainte-Catherine puis, par les rues Bellingham et Decelles, le chemin Queen Mary jusqu'à l'avenue Girouard, celle-ci vers le sud jusqu'au chemin Upper Lachine, et retour par celui-ci jusqu'au point de départ par les rues Saint-Jacques, de l'Inspecteur et Notre-Dame. Tout en faisant le tour de la montagne,

Le tramway observatoire classique tel que nos aînés l'ont connu.

Le *p'tit char en or* a même inspiré le peintre André Morency, qui le représente ici, avenue du Parc, à Montréal, avec en arrière-plan le mont Royal et le monument Georges-Étienne Cartier.

l'itinéraire touchait à Outremont, au carrefour Snowdon et aux quartiers Notre-Dame-de-Grâce et Saint-Henri.

Cette fois ce fut le chant du cygne des *p'tits chars en or*. Le service de limousines *Murray Hill* tenta en 1964 de les faire revivre au moyen d'un autobus qui, dans la mesure du possible, évoquait par sa conception, une image demeurée chère à l'esprit des Montréalais, mais le *p'tit char en or* sur pneus, malgré la souplesse de son autonomie, ne parvint pas à satisfaire une nostalgie empreinte d'irremplaçable souvenirs.

Le *p'tit char de la paye*

Comment ne pas mentionner aussi le *p'tit char de la paye?* Il y en eut deux, en fait: le premier reposait sur un seul bogie et l'autre, sur 8 roues. On versait les salaires en espèces et le transport d'aussi importantes sommes risquait d'animer des convoitises. C'est donc au moyen d'un véhicule marqué *spécial* que l'on portait la paye au personnel des ateliers. Cette pratique cessa en 1948 avec l'adoption du paiement par chèques.

Des *clientèles* plutôt... captives!

Jusque peu avant la fin du XIXe siècle, on avait recours à des omnibus montés sur roues ou sur patins, selon la saison, pour conduire les prévenus au palais de justice et les ramener à leurs cellules. À cette époque, la prison du Pied-du-Courant, où une douzaine de patriotes avaient été pendus à la suite des troubles de 1837-38, demeurait le lieu *privilégié* des incarcérations pour le district de Montréal. Quelqu'un eut l'idée de proposer le tramway comme mode plus sécuritaire de transport des malfrats en attente de leur procès. Ainsi, le 11 août 1890, le conseil municipal, obéissant sans doute à des pressions du ministère chargé de la justice, pressait la compagnie de hâter la construction d'une voie double entre la prison et la station d'Hochelaga: il s'agissait de raccorder l'établissement du Pied-du-Courant à une ligne qui ralliait le centre ville. Remarquons qu'à ce moment-là, on comptait encore sur les chevaux pour la traction des tramways.

Mais la fée électricité était à la toute veille de supplanter la musculature chevaline, et c'est ainsi que l'on aménagea un premier tramway électrique en une *Black Maria* motorisée qui permettait une liaison directe entre la prison du Pied-du-Courant et le palais de justice. En ce dernier cas, il s'agissait bien sûr de l'immeuble dont John Ostell avait tracé les plans et qui, situé côté nord de la rue Notre-Dame, est devenu un édifice municipal. Le *nouveau* palais de justice, que l'on désigne aujourd'hui sous le nom d'édifice Cormier, situé en face du précédent, n'existait pas encore, même si, depuis lors, un deuxième... tout nouveau palais de justice lui a damé le pion.

C'est donc à leur corps défendant que ces *clients* captifs se déplacèrent par tram. Selon une tradition, on les garrottait deux à deux, parfois trois à trois, au moyen de chaînes fixées aux poignets, et même aux chevilles si l'on se croyait en face de candidats belliqueux.

Cette carte postale ancienne illustre le départ du tramway de Bordeaux, à l'angle du boulevard Gouin et de la rue Poincarré, à Montréal. Le détail ci-dessous montre l'avant de la voiture et l'identifie: c'est le 1040.

Comme la clientèle des détenus et celle des palais de justice croissent parallèlement, il vint un temps où l'établissement vétuste du Pied-du-Courant ne répondit plus aux besoins: dès 1890, elle abritait deux fois autant de détenus que le maximum jugé acceptable. Cette année-là, on décida donc de doter le district judiciaire de Montréal d'une nouvelle prison et, en 1891, on choisit pour cela deux terres situées dans la petite municipalité de Bordeaux. Quand la construction fut terminée, en 1912, Bordeaux faisait partie du territoire de la ville de Montréal, son annexion ayant été entérinée deux années auparavant.

La *prison de Bordeaux*, ainsi qu'on la désignait au grand dam des citoyens d'une banlieue si paisible, répondait alors aux impératifs de la plus moderne conception des établissements carcéraux. Sans doute voulut-on que le transport des détenus jusqu'au palais de justice reflétât ce souci de modernisation, car le gouvernement du Québec passa commande pour la construction d'un véhicule blindé qui fût, celui-là, cellulaire.

En effet, il était aménagé en cellules individuelles pour 58 détenus et se caractérisait par un blindage que l'on estimait alors à l'abri de toute tentative pour en libérer des détenus. Un personnel de 8 gardiens, d'ailleurs, prenait place à bord du tramway cellulaire, en plus du wattman et du *conducteur*, dont on a peine à imaginer la nécessité puisqu'on n'y percevait pas de tickets!

Mais le *p'tit char noir*, comme on le désignait populairement, ne put dès son entrée en service, s'approcher de la nouvelle prison. En effet, le point le plus rapproché que le tramway électrique pouvait atteindre était la petite station d'Ahuntsic, rue Millen, non loin du boulevard Gouin. Il fallut donc, au départ, assurer le transport des détenus au moyen d'omnibus depuis la prison jusque là, pour les y conduire à leurs cellules sur rails.

Le dernier tramway de Bordeaux. Il était bidirectionnel et fut retiré du service le 28 avril 1941.

Il s'agissait d'un véhicule imposant pesant 22 tonnes, percé de petites fenêtres d'aération situées bien au-dessus des yeux des détenus. Seul un écu doré du ministère de la Justice rompait le noir sinistre de chacun des flancs du véhicule. Celui-ci ne figurait évidemment pas à l'inventaire des actifs de la compagnie, puisqu'il appartenait au gouvernement du Québec, mais celle-ci en assurait l'entretien dans ses ateliers Youville.

La ligne de tramways conduisant à la station d'Ahuntsic devait être prolongée jusqu'à Bordeaux vers 1920, en suivant la rue Kelly (l'actuel boulevard Henri-Bourassa) vers l'ouest et en empruntant des rues dont le tracé ne figurait que sur des plans: Tolhurst, Dazé, Meilleur, McDuff et Poincarré. Celle-ci avait reçu, au début de novembre 1914, le nom de Raymond Poincarré, qui était alors le président de la République française, au seuil de la Première Guerre mondiale.

Le 22 juin 1922, on inaugurait une bretelle qui, depuis ce prolongement, pénétrait à l'intérieur de la prison par deux solides grilles, assurant ainsi une navette directe entre la geôle et le palais de justice, un service que le personnel apprécia davantage que les détenus, on l'imagine. Mais, en 1925, on décida d'avoir dorénavant recours à des fourgons sur pneumatiques. Fut-ce à la suite d'une tentative d'évasion?

En 1929, à l'âge de 65 ans, le dernier wattman du *p'tit char noir*, M. Honoré Guay, prenait sa retraite, la mémoire toute bouillonnante de souvenirs. "En 1924, rapportait-il beaucoup plus tard à un journaliste, je dus conduire à la prison de Bordeaux Tony Frank et les autres bandits qui avaient commis un audacieux holdup à la Banque d'Hochelaga. Je dus ensuite les ramener chaque matin au palais de justice où ils subissaient leur procès. Or, la veille du jour où Frank et ses comparses, Louis Morel, Serafini, Bambino et Valentino, allaient être condamnés à la potence, Tony me souffla à l'oreille en prenant place dans le tram cellulaire que je serais mieux de ne pas en prendre la conduite le lendemain si je ne voulais pas être blessé."

M. Guay comprit que la pègre préparait un coup de main pour tenter de libérer la bande, et il s'en ouvrit au shérif Lemieux, qui lui demanda de demeurer en service. Le lendemain, donc, le tramway cellulaire quitta la prison, suivi d'une vingtaine de gardes armés. "En face du cimetière juif, rue Lajeunesse, poursuivait M. Guay, le chasse-pierre du tram repoussa quelques cartouches qui avaient été déposées sur les rails, et qui pétéradèrent, sans plus."

Pour l'anecdote, rappelons qu'après être monté à l'échafaud, Tony Frank fut exposé chez lui, sur un lit de parade, ce qui suscita une curiosité plutôt morbide!

Sur ce petit frisson, passons à une autre *clientèle* qui avait atteint sa destination définitive, encore qu'il ne soit pas prouvé, loin de là, que le cimetière soit toujours une dernière demeure, tant de petites nécropoles montréalaises ayant été vidées de leurs ossements pour faire place aux vivants! Mais c'est une autre histoire.

Jusqu'à il y a un demi-siècle, il existait un cimetière militaire à l'angle sud-est de l'avenue Papineau et de la rue Lafontaine. Entre 1814 et 1869, on y avait inhumé les restes de plus de 1 500 soldats, la plupart ayant participé aux guerres napoléoniennes avant de se trouver en garnison à Montréal. Lorsqu'on désaffecta ce cimetière, on transporta ossements et pierres tombales au champ d'honneur du *Last Post Fund*, à Pointe-Claire. L'auteur de ces lignes se souvient de l'exhumation des restes de Son Excellence le lieutenant général Sir Benjamin D'Urban qui, après une carrière bien remplie et avoir donné son nom à une ville qui allait devenir l'une des plus importantes de l'Afrique du Sud, s'était fixé à Montréal en qualité de commandant des forces britanniques de l'Amérique du Nord.

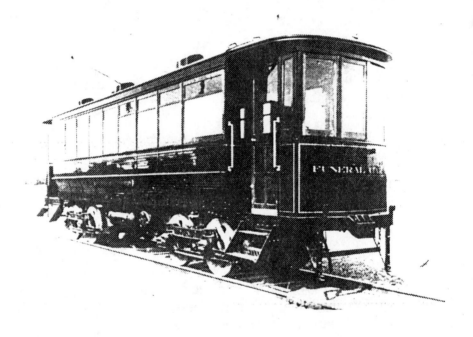

Le *p'tit char* funéraire. Afin d'éviter toute méprise chez les citoyens, les mots *Funeral Car* se lisaient clairement sur le véhicule.

Dès 1908, les protestants de langue anglaise qui, comme les catholiques, avaient un cimetière sur le mont Royal, prévoyaient sans doute que leurs êtres chers subiraient un jour la pression des vivants. Aussi prirent-ils la louable initiative d'inaugurer un autre champ des morts, loin du centre-ville, vers le Bout-de-l'Île, le Hawthorne Dale.

À cette époque, cependant, l'automobile n'en était encore qu'à ses premières pétarades, et le seul véhicule sûr pour se rendre au nouveau cimetière était le tramway électrique. D'ailleurs, la *Montreal Terminal Railway Company* venait tout juste de mettre en place une toute nouvelle ligne qui permettrait la cueillette des bidons de lait des agriculteurs jusqu'à l'extrémité est de l'île et d'y conduire les citadins à la recherche d'espaces verts loin du centre-ville.

Les gestionnaires du nouveau cimetière conclurent donc un accord avec la compagnie. Celle-ci installerait une voie d'évitement au coût de 822,00$, alors qu'ils assumeraient les frais d'aménagement d'un tramway funéraire, soit 506,00$. Et c'est ainsi que le 4 janvier 1910, le *p'tit char funéraire*, no° 1002, datant de 1896, y apporta une première livraison de regrettés citoyens.

L'ancien cimetière militaire de l'avenue Papineau constituait un lieu de dépôt des cercueils en attendant leur transfert au cimetière: ici se terminaient les défilés d'accompagnement des êtres chers. Le *p'tit char funéraire*, depuis les remises d'Hochelaga, qui l'abritaient, transportait les cercueils à raison de 15,00$ par voyage. Mais on ne tarda pas à vouloir faire échec à l'aspect mercantile d'une formule de transport qui appartenait davantage au déplacement de fret qu'au dernier adieu à un être cher. Et c'est ainsi que fut conçu le tramway-corbillard.

C'était un long véhicule tout noir avec compartiment s'ouvrant dans l'un des côtés pour recevoir le cercueil. Les membres de la famille prenaient place dans le tramway, leur intimité protégée par des fenêtres teintées. Et c'est ainsi que l'on accompagnait le disparu jusqu'à sa tombe, au cimetière Hawthorne Dale. Y avait-il beaucoup de parents et d'amis? La famille pouvait louer un tramway additionnel ou plus, comme de nos jours, des limousines. Après l'inhumation, on ramenait tout le monde en ville.

C'est seulement en 1925 que l'on mit fin à ce service, les convois sur pneus supplantant le corbillard sur rails. Celui-ci était devenu collectif en 1918, tellement la grippe espagnole faisait des ravages: il fallait conduire plusieurs victimes à la fois à leur dernier repos, et le plus rapidement possible pour faire échec à la contagion. À Montréal seulement, cette épidémie fut la cause de 3 000 décès!

Aspect du cimetière militaire de l'avenue Papineau, à Montréal, que domine encore le monument de Benjamin D'urban; quelques jours plus tard, on devait transporter le monument au champ d'honneur de Pointe-Claire.

Voies élevées ou réseau souterrain?

La population de Montréal s'accroissait rapidement, non seulement à cause des berceaux, mais surtout des annexions. Avant la fin du XIXe siècle, 4 municipalités s'étaient greffées à la ville: Hochelaga (1883), Saint-Jean-Baptiste (1886), village de Saint-Gabriel (1887) et Côte-Saint-Louis (1893).

Après quelques années, la fièvre reprit de plus belle, à partir de 1905, alors que, en cette seule année, Montréal s'agrandit par l'addition de 3 nouvelles municipalités: les villes de Sainte-Cunégonde et de Saint-Henri et la municipalité du village de Villeray. L'année suivante, s'y ajoutaient parties du village de Rosemont et de la paroisse du Sault-au-Récollet, puis, en 1907, une fraction du territoire de la paroisse Saint-Laurent. En 1908, Montréal accroissait sa superficie de celles d'une deuxième partie du village de Rosemont, d'une autre tranche de la paroisse du Sault-au-Récollet et de la ville de Notre-Dame-des-Neiges. En 1909, elle engloba le village de Delorimier et une parcelle de la ville d'Outremont.

Mais 1910 fut en ce domaine une année record, Montréal annexant les municipalités suivantes: Ville Émard, Ville Saint-Paul, Ville de Saint-Louis, Ville de la Côte-des-Neiges, Ville de Notre-Dame-de-Grâce, Village de Rosemont, Municipalité du Village de Tétrauville, Village de Beaurivage de la Longue-Pointe, Village d'Ahuntsic, Ville de Bordeaux, Ville de la Longue-Pointe et une deuxième partie de la paroisse Saint-Laurent.

Nous avons vu que les administrateurs du transport en commun n'avaient pas toujours attendu les annexions pour prolonger leurs voies au-delà des limites de Montréal. Ceci ne présentait que fort rarement des problèmes, les municipalités de la périphérie souhaitant bénéficier d'un service aussi essentiel. Mais cette

Aux U.S.A., on n'a jamais manqué d'envergure au plan de l'imagination. Alors que les Montréalais comptaient encore sur la traction chevaline pour le transport en commun, ils prenaient connaissance d'un mécanisme de locomotion qui sans doute les sidérait, et que proposait un inventeur de New York. Pour se déplacer, on ne monterait plus en voiture, mais on prendrait place sur une voie élevée sans cesse en mouvement, une sorte de ruban sans fin qui comporterait non seulement de nombreux sièges, mais aussi divers salons, dont certains à l'usage exclusif des dames. L'ingénieur Speer, car c'est ainsi qu'il se nommait, prévoyait que ce *plancher mobile* se déplacerait sur une distance de 24 kilomètres et que l'on pourrait y mettre le pied sans danger, sans doute à la façon des trottoirs roulants que nous connaissons de nos jours. "À l'avenir de nous apprendre, disait un journal montréalais de l'époque, si cette conception est celle d'un mécanicien de génie ou d'un simple visionnaire" (circa 1874).

expansion amenait dans la ville même une clientèle accrue, et il vint un moment où on jugea que le transport en surface était devenu saturé.

C'est alors que la compagnie des tramways avança l'idée de construire des voies élevées. Dans son numéro d'avril 1909, le *Canadian Journal* reconnaissait l'acuité de la situation: on n'a pour s'en convaincre, écrivait-il, que de voir les foules de citoyens qui attendent les tramways aux heures de pointe, et il faut féliciter la compagnie qui, même si elle bénéficie d'un monopole, s'emploie à assurer le meilleur service possible. Les Montréalais doivent être raisonnablement fiers de la qualité de celui-ci, si on le compare à celui que l'on trouve dans les autres villes de même importance démographique.

Mais le périodique apporte tout de suite un bémol à son appréciation. La compagnie préconise le recours à une formule qui a suscité de l'insatisfaction partout où elle a été adoptée, tant pour l'ensemble des citoyens que pour les propriétaires: le système des voies élevées.

La ville de New York, poursuit le rédacteur, après avoir dénigré les lignes souterraines adoptées en Angleterre et vanté les mérites de la formule plus *moderne* des lignes aériennes pendant tant d'années, vient enfin d'adopter la solution qu'elle avait méprisée, et il ne subsiste sans doute aucun New-Yorkais pour vanter les horribles voies élevées, qu'aucune ville en possession de ses facultés ne saurait maintenant adopter.

Tout d'abord, dit-il, les voies élevées rendent les rues hideuses et réduisent la valeur des propriétés. Ensuite, le climat de Montréal "où il tombe plus de 12 pieds de neige chaque hiver, et où les premières chutes demeurent jusqu'au printemps" constitue une objection insurmontable.

"Le grand Montréal, concluait le rédacteur, a besoin d'un meilleur système de transport pour sa population qui frise maintenant le demi-million de citoyens, et ce dont la ville a besoin, ce n'est pas de voies élevées, mais bien d'une ligne souterraine sur toute la longueur de l'île."

Bien sûr, une telle idée ralliait l'enthousiasme des citoyens, mais elle était passablement prématurée compte tenu des besoins du moment. Aussi, un an plus tard, en avril 1909, le directeur gérant de la Compagnie de chemin de fer urbain de Montréal, M. W.G. Ross, alors de passage à Québec, déclarait que 2 secteurs de Montréal étaient *mûrs* pour la mise en service d'un système souterrain de transport, et il en définissait ainsi les itinéraires: sous la rue Saint-Jacques, depuis la côte Saint-Lambert (rue Saint-Laurent) jusqu'au square Victoria, et sous la rue Saint-Denis, depuis la rue Craig (l'actuelle rue Saint-Antoine) jusqu'à l'avenue du Mont-Royal. Dans le premier cas, on estimait le coût d'une telle entreprise à 1 500 000$ par mille.

Le gérant de la compagnie, M. Duncan McDonald, ajouta que le service était maintenant exploité à son plus haut rendement, surtout dans le secteur des affaires, et qu'il ne restait qu'une seule solution: la formule souterraine. Pourquoi Ross et McDonald étaient-ils de passage à Québec? Afin de promouvoir l'adoption d'un bill pour l'incorporation d'une nouvelle entreprise, la Montréal Underground and Elevated Railway Co. Comme le suggère cette raison sociale, les hommes d'affaires n'avaient pas encore arrêté leur choix.

Pour le transport en commun, l'hiver tout blanc était... une bête noire, mais les Montréalais du siècle dernier savaient en apprécier les charmes feutrés dont les tours de Notre-Dame semblaient être les gardiennes.

La ville de Québec ne tarda pas à se doter elle aussi de tramways électriques. Ci-dessus, une carte postale ancienne nous montre le 202 roulant rue Saint-Jacques, à la basse ville, pendant que ci-dessous, le 205 dessert l'élégante Grande-Allée.

Du petit tramway à unique bogie
jusqu'au grand *convertible*

L'avènement du tramway électrique apporta un sursaut de dynamisme à l'évolution du transport en commun. Non seulement pourrait-on, l'hiver, se déplacer dans un confort relatif, de timides chaufferettes remplaçant la paille dans laquelle on s'enfouissait les pieds ou encore les petits poêles à charbon que les conducteurs ne pensaient pas toujours à ranimer, mais on mettrait moins de temps à atteindre sa destination et les déplacements s'effectueraient plus silencieusement.

Dès 1891, nous l'avons vu, le conseil municipal avait été saisi d'une première proposition visant à doter la ville de tramways électriques. Le projet était dans l'air depuis pas mal de temps et les nouvelles voies se multipliaient.

Le 6 avril 1891, les citoyens des quartiers Saint-Jacques et Sainte-Marie réclament la pose de rails sur les rues Rachel et Amherst; ils l'obtiendront l'année suivante entre Amherst et Saint-Laurent, dans le premier cas, et de Craig à Rachel dans le second. C'est d'ailleurs en remontant à reculons la côte de la rue Amherst que le *Rocket* devait se mériter les applaudissements des Montréalais. En 1892, également, la ligne de la rue Rachel devait être prolongée depuis le boulevard Saint-Laurent jusqu'à l'avenue du Parc.

En 1894, la correspondance voit le jour, et le recours à ce billet de transport est soumis à des conditions strictes. "Ce billet n'est pas un billet d'arrêt, explique-t-on, et n'est pas transférable. Il est bon seulement si le passager prend le prochain char laissant la jonction où le transfert est fait après l'heure à laquelle il a été poinçonné." Il appartient au passager de vérifier et d'accepter la date et l'heure poinçonnées, et en cas de difficulté entre passager et conducteur *sur le char de transfert*, il devra, si on l'exige, payer son passage et présenter ce billet au bureau de surintendant "pour que justice lui soit rendue".

Est-ce le résultat de la fierté que ressentent les directeurs de la compagnie? En février 1898, on décrète que *conducteurs* et *mécaniciens* - entendons percepteurs et wattmans - porteront dorénavant un uniforme, ce qui, selon *La Presse*, démontrait que la compagnie était "entrée dans une voie de progrès qui nous ménageait des surprises". On devait le porter sous peine de renvoi. Les aînés se souviennent sans doute de l'inconfort que ressentaient les membres du personnel, surtout l'été, dans cet uniforme de serge que complétait un képi. Les employés chevronnés pouvaient se consoler d'une certaine façon, car la manche du veston comportait des galons dorés à raison d'un par 5 années de services.

Jusqu'au début du siècle, on fumait gaiement dans les tramways, et l'on peut facilement deviner à quel point l'air qu'on y respirait devenait vicié, surtout en hiver. On ne se préoccupait pas beaucoup de la sensibilité des délicats poumons de ces dames! Le 6 octobre 1901, au seuil d'une nouvelle saison froide, la compagnie décrétait qu'il serait désormais défendu de fumer dans les tramways "en hiver".

La compagnie ne tarda pas à se doter de véhicules conçus spécialement à l'intention des citadins qui souhaitaient visiter leur ville et des groupements qui, à l'occasion de congrès, voulaient organiser des excursions urbaines, mais les édiles surveillaient ces initiatives du coin de l'oeil, au cas où la ville pourrait en tirer des retombées. Ainsi, en juin 1903, la Commission de voirie demandait aux avocats de lui dire si les autorités municipales pouvaient interdire de telles excursions ou percevoir un droit sur la vente des tickets!

En 1902, par suite de l'élargissement de la rue des Commissaires, la compagnie avait inauguré une *voie de ceinture* dont elle était particulièrement fière. "La mise en place de rails à l'intersection des rues Sainte-Catherine et Saint-Denis, rapportait le *Montreal Star* (2 août 1902), complète la nouvelle voie de ceinture depuis la rue des Commissaires, qui passe par le haut et le bas de la ville. Cette ligne avait été projetée et autorisée par le conseil municipal il y a dix ans, mais sa réalisation avait été retardée à cause de l'étroitesse la rue des Commissaires. Ce sera le circuit le plus utile de l'ensemble du réseau car, avec sa voie double et une fréquence de desserte de 5 minutes et un itinéraire qui emprunte les rues Windsor et Saint-Denis, côtés ouest et est, de même que les rues Sainte-Catherine et Saint-Jacques, il donne accès au port, aux traversiers et aux quais des vapeurs, de même qu'aux gares du Grand Tronc et du Pacifique Canadien, aux grands hôtels et aux établissements de commerce les plus importants. L'étranger et le touriste l'apprécieront également, puisqu'en plus de les conduire aux endroits qu'ils recherchent généralement, il leur donnera un aperçu des principaux quartiers des affaires."

C'est vers le même temps que les grands tramways firent leur apparition. En 1900, le système de transport urbain véhiculait déjà plus de 40 millions de voyageurs annuellement. Pourtant, il ne comptait encore que des voitures à unique bogie de 4 roues et la majorité d'entre elles étaient ouvertes: environ 330 contre 30, ce qui illustre bien l'importance des excursions, car on peut deviner que le nombre des employés de bureau et des ouvriers d'usine devait être constant tout au long de l'année.

Cette année-là (1900), les directeurs de la compagnie décidèrent de suivre la tendance qui se manifestait dans les grandes villes nord-américaines et d'adopter le long tramway à 2 bogies. On ne mit 25 en chantier aux ateliers d'Hochelaga. Les premiers furent mis en circulation dès la fin de l'été.

Suprême confort, le *Rocket*, premier tramway électrique de Montréal, était équipé d'une fournaise à l'intention des voyageurs frileux qui prenaient place sur des banquettes garnies de peluche.

L'entrée de ces voitures était à l'arrière, ce qui rendait difficile le mouvement des usagers à l'intérieur et leur surveillance par le préposé à la perception.

À ce moment-là, en Écosse, on procédait à la mise à l'essai de tramways avec porte s'ouvrant au centre. Les directeurs en firent construire un prototype à Hochelaga et en furent si satisfaits qu'ils en commandèrent 25 exemplaires.

Il avait été décidé de ne plus construire de tramways ouverts, car ils représentaient un capital improductif pendant la saison froide. Pourtant, les Montréalais adoraient les emprunter, tout au long de la belle saison, pour se divertir et refaire le plein d'oxygène. Ils appréciaient notamment la disposition des sièges, qui étaient placés de façon transversale et offraient de ce fait une meilleure visibilité. Les voitures d'hiver, elles, étaient dotées de 2 uniques sièges longitudinaux. Tournant le dos aux fenêtres, les voyageurs se regardaient de part et d'autre quand l'espace n'était pas envahi, aux heures de pointe, par des voyageurs qui, suspendus à des courroies, s'entassaient les uns sur les autres à la façon des sardines, pour employer une image déjà fort populaire chez les caricaturistes.

Les ingénieurs de la compagnie recherchèrent alors un juste milieu et ils conçurent un *convertible*. Le tramway des temps nouveaux serait équipé de fenêtre amovibles, que l'on fixerait en place chaque automne pour les retirer au printemps. Il comporterait un certain nombre de banquettes transversales doubles, dans la partie avant, afin qu'il fût possible, en dehors des heures de pointe, de bénéficier des avantages d'un tramway d'été, mais se compléterait de deux banquettes longitudinales dans la partie arrière pour y entasser le plus possible de voyageurs aux moments de cohue. Comble de raffinement: les banquettes transversales seraient pivotantes, de manière à prolonger les longitudinales et à faire plus de place à la *marée montante*.

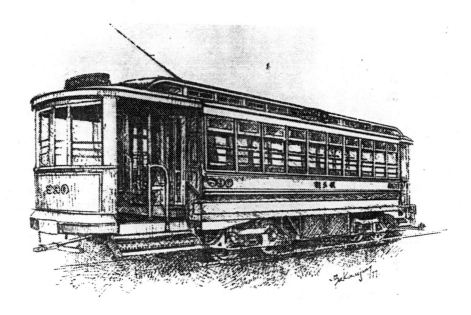

Prototype du premier tramway doté de freins à air. Conçu en 1904, il entra en service l'année suivante. Il roulait sur deux bogies et ses parois latérales étaient droites plutôt qu'incurvées (*Promenade*, novembre 1977).

L'idée séduisit les directeurs qui, en janvier 1904, approuvaient la mise en chantier dans les ateliers de la compagnie de 50 unités *demi-convertibles* et à remorque. En mai, ils inspectaient le prototype, qui était aussi le premier tramway doté de freins à air. C'était une voiture de conception vraiment nouvelle, car les premiers longs tramways n'étaient qu'une version allongée de leurs précurseurs à bogie unique. Elle était plus large de 8 pouces et ses parois latérales, droites plutôt qu'incurvées, étaient percées, chacune, de 10 châssis rectangulaires et amovibles.

L'expérience ne fut pas aussi heureuse qu'on l'avait espéré. De toute évidence, cette formule des châssis amovibles ne convenait aucunement à la rigueur de nos hivers. Les occupants de banquettes pivotantes protestèrent quand, aux heures de pointe, on voulut les rendre longitudinales. Il fut décidé que, dorénavant, quelques-unes de celles-ci seraient fixes et que les fenêtres, plus étroites, pourraient être ouvertes à volonté en les laissant glisser vers le bas par un interstice leur donnant accès à l'intérieur de la double paroi du véhicule, puis remontées en place si on le souhaitait. Plus tard, la fenêtre fut divisée en 2 volets, celui du bas pouvant être hissé devant celui du haut. Ces deux dernières variantes sont celles qui demeurent sans doute présentes dans la mémoire de nos lecteurs d'un âge certain, celui de l'auteur!

Nous ne saurions, faute d'espace, évoquer toutes les étapes du prolongement des voies de tramway. Celles que nous avons citées jusqu'à maintenant démontrent à quel point le transport en commun motorisé a contribué à l'essor de Montréal et de ses banlieues, dont plusieurs devinrent partie intégrante de son territoire. Les trois suivantes en constituent une illustration. En avril 1906, la compagnie acceptait de prolonger ses voies dans Notre-Dame-de-Grâce et sur le plateau de Westmount. Elle était en voie de conclure l'achat d'un droit de passage pour l'allongement de sa ligne du Sault-au-Récollet sur une distance de 3 milles jusqu'à un point situé en face de Saint-Vincent-de-Paul. Au mois d'août 1908, le rail atteignait Montréal-Ouest, ce que l'on

Peu après l'année 1900, on mit en service des tramways à deux bogies. Celui-ci se trouve devant l'église Saint-Édouard, rue Saint-Denis, à Montréal.

considérait comme la première ligne inaugurée au bénéfice de Notre-Dame-de-Grâce, car lors de l'ouverture de la voie de ceinture autour du mont Royal en 1895, la *Montreal Park & Island* n'y avait acquis qu'un droit de passage, la municipalité n'ayant pu alors obtenir que les tramways s'y arrêtent pour prendre des passagers.

Même si, en certains milieux, on reprochait aux directeurs de la compagnie de prendre davantage les intérêts des actionnaires que ceux de la collectivité, on ne saurait les soupçonner d'immobilisme. En 1892, n'avait-on pas secoué leur torpeur pour passer de la traction animale à la fée électricité? Depuis lors, ne s'étaient-ils pas montrés progressistes en adoptant des mesures qui, tout en consolidant le rendement de leurs investissements, contribuaient à l'amélioration du service?

La Chambre de Commerce du district de Montréal affichait à l'égard de l'entreprise qu'elle désignait comme la *Compagnie des chars urbains de Montréal* une attitude qui frisait l'adulation. Dans son bulletin annuel pour 1908, elle écrivait que le système de transport en commun avait plus puissamment contribué au développement de ce qui avait fait de Montréal la métropole du Canada "que ne l'on fait toutes les suggestions de nos échevins, les agissements de nos conseils de ville ou les devis de nos agents d'immeubles. Nous possédons un système de chars urbains qui, au dire même des étrangers, n'a son pareil ni sur le sol américain, ni même sur le globe terrestre."

La Chambre évoquait l'époque des tramways à traction animale et les difficultés qu'éprouvait alors la classe moyenne et ouvrière pour atteindre cahin-caha les quartiers du commerce et de l'industrie. "Aujourd'hui, poursuivait le bulletin, grâce aux splendides véhicules de la compagnie, nous jouissons de tout le confort désirable. Nous avons des chars bien aérés, bien chauffés, un personnel prévenant à notre service, et l'ouvrier, le travailleur, qu'il vive à Saint-Henri, à la Côte-Saint-Paul, sur les hauteurs

L'idée de placer l'entrée au centre du tramway vint d'Écosse. C'est un véhicule de ce type que l'on voit ici, en pleine tempête de neige, rue Sainte-Catherine, à Montréal, vers 1901. Photo Notman.

Le *638* fut un familier des Montréalais pendant au moins un quart de siècle, soit jusqu'en 1927. Il assurait le service, notamment, sur la rue Sainte-Catherine. Entre les deux bogies articulés, des treillis métalliques bloquaient le passage à tout animal domestique qui aurait tenté de passer en-dessous du véhicule. On y pénétrait par une double porte centrale. Photo prise au terminus Harbour-Sainte-Catherine.

Le souci d'assurer la sécurité des citoyens en 1911 ne constituait pas une innovation. Dès 1894, on proposait de doter l'avant des tramways d'un panier destiné à recevoir les piétons distraits.

d'Outremont ou au fond de Maisonneuve, ou même qu'il possède un petit cottage à la Longue-Pointe, peut, en quelques instants et pour la modique somme de trois cents, atteindre son logis de n'importe quel point de la ville."

Enfin, la Chambre soulignait le rôle des tramways comme instrument de loisirs, indiquant que non seulement ils permettaient aux citadins d'aller respirer un air pur et vivifiant, mais aussi de se divertir. "C'est ainsi, rappelait-elle, qu'a été ouvert le parc Dominion, et le nombre des visites qu'il a enregistrées l'an passé démontre hautement sa popularité."

À partir de 1910, la compagnie assuma un rôle additionnel: le transport du fret. Elle se dota d'un certain nombre de wagons conçus spécialement à cette fin et, assurait-elle, cette initiative n'influerait en aucune façon sur le service aux passagers, car c'est essentiellement la nuit que se déplaceraient ces véhicules, en tout cas, pas du tout aux heures de pointe. Les entreprises intéressées à ce genre de transport aménagèrent des voies de garage pour le chargement et le déchargement des wagons. Là où il n'en existait pas, les matériaux en vrac étaient déversés sur la chaussée d'où les récipiendaires devaient les enlever rapidement à la brouette. La compagnie remboursait à la ville les frais de nettoyage. Cette pratique déclina à partir des années '20 avec l'avènement des camions. Nous rappelons ailleurs que lorsque Verdun se dota d'une longue terrasse en madriers le long du boulevard La Salle, en bordure du fleuve, ce fut grâce au remblayage des berges, une entreprise menée à bien par le recours à des tramways circulant sur une voie spécialement mise en place à cette fin.

Ce service de transport des marchandises se développa au point où, en 1916, on fit appel à un expert en la matière pour le réorganiser. M. J. Kennedy, né à Montréal, y avait fait ses débuts dans le transport en commun à l'époque des tramways à traction chevaline. Il était par la suite passé au service de la *Minneapolis & St. Paul Twin City Railway Co.* Rentré à Montréal après

En 1895, un mécanicien, Édouard Julien, suggéra d'ajouter au panier fixé à l'avant des tramways des grillages latéraux descendant jusqu'à un pouce au-dessus du pavé. Puis, le même inventif citoyen proposa d'équiper les voitures de panneaux amovibles pour la saison froide.

Le rapprochement entre les voyageurs entassés dans les tramways et les presse-sardines devait faire long feu, comme en témoigne cette caricature de La Palme rappelant que plus d'un million de Montréalais avaient pris le tramway (*Le Canada*, 22 octobre 1946).

plusieurs années en qualité d'assistant surintendant de la compagnie, il remplaça le surintendant Duncan McDonald parti pour Paris. La *Minneapolis & St. Paul* fit de nouveau appel à son expérience lorsqu'elle fut chargée de la réorganisation du *Brooklyn & New York Railway*. Arrivé à Brooklyn, il y devint surintendant à la fois du service des passagers et de celui du transport des marchandises, une double responsabilité qu'il exerça pendant 5 années. C'est alors que Montréal fit de nouveau appel à son expérience pour la réorganisation de son système de transport des marchandises.

Longs débats autour d'un projet de loi

Au début de 1911, le transport en commun fit couler beaucoup d'encre et postillonner pas mal de salive. La Compagnie des tramways ne manquait pas d'ambition: elle souhaitait bénéficier d'une franchise perpétuelle! Il lui fallait pour cela présenter éventuellement un projet de loi au gouvernement provincial.

Une commission avait été mise sur pied pour examiner les différents aspects de la question; elle se composait des échevins Ainey, Dupuis, Wanklyn et Lachapelle. Soulignons que ce dernier était le réputé docteur Emmanuel Persillier-Lachapelle, fondateur de l'hôpital Notre-Dame, doyen de la faculté de médecine de la succursale de l'Université Laval à Montréal et président de l'Association médicale du Canada; malgré les exigences d'une telle carrière, il avait accepté, en 1910, de faire partie du premier bureau des administrateurs de la ville.

Le 5 janvier 1911, les commissaires, en compagnie du maire, le juge Edmund William Patrick Guerin, rencontraient des représentants de la compagnie, MM. E.A. Robert, président, Duncan McDonald, gérant, et J.-L- Perron, conseiller juridique. Il devait ressortir de cette réunion que la compagnie souhaitait fusionner toutes les lignes de transport en commun de l'île de Montréal et obtenir un nouveau contrat "pour une durée de temps bien plus considérable que celle pourvue par le contrat actuel". Le tout, on le devine, assorti de plusieurs conditions.

On parle de l'établissement de nouveaux circuits, de l'encombrement des voitures, de la refonte du réseau existant déjà, de l'installation de filets protecteurs et de nouveaux freins, etc. Il fut aussi question que la compagnie cesse d'utiliser ses voies pour le transport du fret comme elle le faisait "illégalement, sans l'approbation des autorités", ce qui étonne, car *La Presse* avait annoncé, dans son numéro du 24 octobre 1909 qu'elle avait obtenu l'assentiment du conseil municipal à cet effet.

Quand les commissaires demandèrent à la compagnie quels avantages elle se proposait d'offrir aux citoyens en échange des privilèges qu'elle sollicitait, ses porte-parole demeurèrent évasifs et les commissaires leur déclarèrent qu'ils ne présenteraient aucun rapport au conseil municipal sans obtenir une réponse écrite.

Six jours plus tard, l'avocat George E. Foster, l'un directeurs de la compagnie, remit au commissaire Wanklyn deux lettres de son président. Non seulement ne comportaient-elles aucune signature, mais leur contenu fut jugé trop vague.

La compagnie insista: il y avait urgence d'en arriver à une entente, car elle souhaitait que la nouvelle entente reçût l'approbation de la législature avant la fin de la session en cours.

Nouvelle réunion le 10 février. Peine perdue. Les commissaires admirent d'emblée les avantages de la consolidation des systèmes de transport en commun de toute l'île de Montréal, mais ils ne pouvaient prendre d'engagement dans le cas des municipalités non encore annexées: Westmount, Maisonneuve et Outremont. La compagnie souhaitait que tout litige entre les parties fût soumis à un corps public indépendant, tel que la Commission des utilités publiques, et elle protestait du fait que son seul objectif était d'obtenir *a square deal all round*. Les commissaires rejetèrent la proposition d'une franchise perpétuelle et la compagnie déclara qu'elle n'était pas prête à discuter tout de suite les détails d'un nouveau contrat. Elle invita les commissaires à formuler des suggestions, ce dont ils ne se privèrent pas.

Si la durée de la franchise était augmentée, la compagnie consentirait-elle à verser à la ville un pourcentage raisonnable des recettes brutes provenant de l'exploitation de tout le système urbain et suburbain? Accepterait-elle de vendre ses tickets aux

"Quand les petits chars tournent," titrait cette agréable caricature. Les usagers ne s'habituèrent que progressivement à la force centrifuge qui dans les courbes s'exerçait sur eux. Une main secourable les maintenait parfois à la verticale (circa 1895).

travailleurs à raison de 10 au lieu de 8 pour 25 cents, et de 12 au lieu de 10 aux élèves des écoles, durant certaines heures du jour, tout en les laissant jouir du privilège de la correspondance?

S'engagerait-elle à mettre en service suffisamment de voitures pour que chaque passager ait un siège? Assumerait-elle le tiers de tous les travaux de pavage dans les rues où elle possède des voies, de même que le coût de l'entretien de ces mêmes chaussées sur toute leur largeur? Procéderait-elle à l'enlèvement de la neige, à ses frais et dépens, dans ces mêmes rues? Enfouirait-elle ses fils de transmission électrique dans des conduites en-dedans d'un certain rayon à déterminer depuis l'édifice du bureau de poste et depuis sa centrale génératrice? Réduirait-elle de 5 à 3 minutes la fréquence de son service? Construira-t-elle les lignes nouvelles que le conseil de ville jugera nécessaires? Se soumettrait-elle au verdict de la Commission des utilités publiques dans le cas de chaque litige découlant de l'interprétation du contrat? Enfin, formulerait-elle des suggestion quant à l'arrosage des rues, à leur nettoyage et à l'enlèvement des déchets?

Ouf! Le président Robert répondit 3 jours plus tard. La compagnie jugeait impossible de faire en sorte que tous les passagers fussent toujours assis. Elle se soumettrait à la recommandation de la Commission des utilités publiques quant à la fréquence du service sur les lignes jugées importantes. Elle consentait à l'accroissement du pourcentage des recettes brutes devant être versé à la ville, de même qu'à l'enfouissement de ses fils dans un rayon déterminé par la susdite commission. Elle s'engageait à assumer le tiers du coût du pavage des rues où passaient ses voies, mais ne pouvait prendre à sa charge l'entretien de ces artères sur toute leur largeur. Elle était disposée, au prix coûtant, à déneiger les rues en ayant recours à ses propres voitures. Impossible de diminuer le prix de vente de ses tickets: il n'était plus bas dans aucune ville de même importance que Montréal.

Dans l'ensemble, la réponse de la compagnie semblait raisonnable. Peut-être les parties se seraient-elles rapprochées davantage à la faveur d'une nouvelle rencontre.

Mais, dans l'esprit de l'entreprise, le temps pressait, et c'est par les journaux que les édiles apprirent la présentation à Québec du projet de loi numéro 143, intitulé: *Acte d'incorporation de la Compagnie des Tramways de Montréal*, et ce, sans la publication des avis préalables exigés par la loi.

Il y eut lever de boucliers. Ce projet de loi, jugeait le conseil municipal, sapait à sa base l'autonomie de la ville. Les commissaires du bureau des administrateurs recommandèrent au conseil de s'employer au blocage de son adoption, de prier le premier ministre, Lomer Gouin, de suspendre toute législation afin de donner aux Montréalais le temps de prendre connaissance du texte du projet et de dépêcher d'urgence à Québec une délégation dirigée par le maire lui-même. Les commissaires jugeaient inaliénable le droit de la ville de conclure ses propres contrats et d'inacceptable l'octroi d'une franchise perpétuelle et exclusive.

Il est certain cependant que la décision prise par la compagnie de frapper directement à la porte du gouvernement provincial hâta la conclusion du différend.

Le 11 mars, pas moins de 6 000 citoyens, convoqués par le maire Guerin, accouraient au Monument national pour protester contre la décision de la compagnie d'imposer ses conditions à la ville. "Tout citoyen soucieux de ses propres intérêts, dit le premier magistrat, doit se lever et protester dans la pleine mesure des moyens à sa disposition, car on veut nous enlever l'autonomie que nous confère notre charte."

Le commissaire Ainey prend la parole et prône la municipalisation du système. Alors que des applaudissements nourris accueillent sa suggestion, la police doit intervenir pour calmer des

Au fil du temps, on avait dû procéder à l'installation de génératrices pour alimenter le réseau des tramways électriques. Cette gravure datant de 1896 nous donne idée de l'intérieur de l'une de ces usines. Or, dès 1911, à Montréal, on parlait de l'enfouissement des fils qui amenaient l'électricité jusqu'à la tête des secteurs du réseau.

protestataires, et le maire invite ceux-ci à monter sur la scène pour s'exprimer sans désordre. Le commissaire signale que la compagnie a l'habitude d'envoyer des contradicteurs pour troubler la paix aux assemblées hostiles à ses projets.

Le sénateur Raoul Dandurand intervient ensuite pour défendre l'autonomie municipale. Il s'engage à faire pression auprès de la législature et du premier ministre pour que le projet de loi se limite à autoriser la nouvelle compagnie à négocier un nouveau contrat devant être signé avant la session suivante. "Rien n'est plus extraordinaire, dit-il encore, que de voir des députés se substituer à l'administration municipale, devant la commission des chemins de fer, pour la négociation d'une entente où la plupart d'entre eux n'ont rien à voir."

Le rédacteur en chef du *Herald*, M. J.C. Walsh, s'adressa ensuite à l'auditoire, mais l'orateur le plus applaudi fut nul autre que le tribun Henri Bourassa, qui avait fondé *Le Devoir* quelques mois plus tôt. Il avertit les financiers et les politiciens qui moussaient le projet de loi qu'ils ne connaîtraient pas de repos s'il était adopté, que dès le lendemain où cette "mesure monstrueuse" serait votée, le peuple de Montréal tout entier se lèverait pour en demander le rappel. "Quant à moi, ajouta-t-il, j'avertis loyalement les promoteurs du projet que le jour où j'aurai à la Chambre une voix qui puisse se faire entendre, le contrat sera déchiré et ce sera tant pis pour les financiers qui mettent de l'argent dans cette entreprise: et qu'on ne vienne pas parler alors de droits acquis, car les droits volés ne sont pas des droits!"

Avant cette mordante intervention, le président de l'Association des citoyens, M. Hormidas Laporte, avait donné lecture d'une résolution de ce groupement à l'effet que les citoyens répudiaient toute tentative de les priver des droits élémentaires et essentiels qui leur avaient été octroyés pour la gestion de la municipalité, et que, hors le pouvoir de fusion des entreprises, l'autorisation de la passation d'un contrat entre la compagnie et la ville et le recours à la Commission des utilités publiques pour régler tout litige en découlant, le projet de loi constituait un empiétement injustifiable sur des droits inaliénables.

On soumit la résolution aux voix dès après le discours de M. Henri Bourassa, et elle fut approuvée presque à l'unanimité, car il n'y eut que 13 dissidences.

Les autorités municipales décidèrent de mettre un train à la disposition des contribuables qui souhaiteraient aller à Québec pour protester contre le projet de loi. Le matin du 18 mars, le convoi s'ébranla: 228 citoyens y avaient pris place.

La situation se dénoua assez rapidement. Le conseil municipal se réunit d'urgence et l'assemblée fut longue et houleuse. Au départ, l'échevin Lapointe soumet un projet d'amendement à l'article 14 du projet de loi et se déclare prêt à le proposer à la commission des chemins de fer. Cet article met fin au contrat en cours, qui ne devrait normalement se terminer que 12 ans plus tard, et la durée de la nouvelle entente serait de 42 ans. Là où le bât blesse, c'est que l'autorité provinciale, en imposant une telle clause, se substituait au conseil municipal, faisant fi de l'autonomie de la ville dans la gestion de ses affaires. Il fallait faire preuve de souplesse et sauver la face. Aussi l'échevin Lapointe suggéra-t-il de proposer la modification de la phraséologie: advenant l'octroi d'une franchise, sa durée serait déterminée dans le contrat à venir. "Nous sommes en face de la même situation qu'en 1903, dit-il. La compagnie demande une franchise: si la ville refuse de passer un contrat, il est à propos pour elle d'aller à Québec."

Lorsque le projet de loi revint pour la dixième fois devant la commission des chemins de fer, l'échevin Lapointe proposa son amendement. Il va de soi que les deux parties s'étaient entendues au préalable. Me J.-L. Perron se leva alors, disant accepter l'amendement proposé. "J'ai la déclaration formelle de ces messieurs, dit-il, que, d'ici 30 jours, la cité aura passé avec la

Le marché de la place Jacques-Cartier à Montréal; un tramway passe devant l'hôtel de ville (circa 1919).

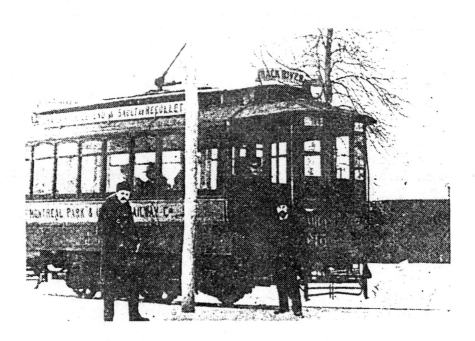

En 1911, la *Montreal Park & Island Railway Co.*, qui assurait le service de transport en commun jusqu'au Sault-au-Récollet, s'intégrait à la nouvelle Compagnie des tramways de Montréal.

Les projets ne manquaient pas pour promouvoir l'essor de la ville, et les *p'tits chars* y étaient généralement associés. Ci-dessus, un aspect du Champ-de-Mars en 1902. Ci-dessous; l'aspect que celui-ci aurait eu si avait été retenue la suggestion d'un citoyen, Rodias Ouimet, fondateur et directeur du "Refuge de Nuit" de Montréal, qui avait songé à l'aménagement d'un grand marché public sous le terrain de parade des militaires, ce qui aurait donné à ceux-ci, pour leur entraînement, un *parquet net comme un pavé d'église.*

compagnie un nouveau contrat satisfaisant pour les deux parties. J'ai confiance en leur parole et je suis prêt à dire que si, dans les 60 jours, on n'a pas passé de nouveau contrat, il n'y a pas d'honneur possible dans cette province!"

Ainsi donc se terminèrent de longs palabres qui, pendant plusieurs semaines, tinrent en alerte tous les passionnés de politique. Tout était perdu pour la ville, fors l'honneur et son autonomie!

C'est ainsi qu'en 1911, une loi provinciale, sanctionnée le 8 novembre par la Commission des utilités publiques, consacrait la monopolisation du tramway et légalisait une situation de fait. Depuis quelques années déjà, la Compagnie de chemin de fer urbain de Montréal avait réussi à s'emparer du contrôle effectif de ses deux concurrentes. Le 20 juin 1901, elle avait acquis la totalité des obligations et la majorité des actions de la *Montreal Park & Island Railway Co.* En 1906, c'était au tour de la *Montreal Terminal Company* de connaître le même sort. Quant à la *Public Service Corporation*, il y avait belle lurette qu'elle n'était plus qu'une simple filiale.

Ainsi vit le jour la Compagnie des tramways de Montréal qui, le 18 novembre 1911, fit l'acquisition de toutes les entreprises mentionnées plus haut.

Des situations recherchées à... 20 cents l'heure!

Heureusement qu'en 1911, le coût de la vie n'était pas ce qu'il est devenu de nos jours, car il aurait fallu 15 heures de travail à l'employé de tramway pour s'acheter une livre de beurre!

En entrant au service de la compagnie, il gagnait en effet 20 cents l'heure et on lui donnait un premier cent d'augmentation l'année suivante, et un autre cent la troisième année. Le personnel était réparti en deux catégories: les conducteurs et les *wattmen*. C'était pourtant les seconds qui avaient la responsabilité de la... conduite des véhicules, et on ferait plus tard la lutte à l'anglicisme en les désignant comme... gardes-moteur, ce qui était tout de même préférable: les chemins de fer n'avaient-ils pas des gardes-freins dans leur personnel? Quant aux *conducteurs*, leur principale responsabilité était la perception des tickets.

En 1911, la compagnie comptait environ 2 000 employés. Leur travail, souvent ingrat devant le comportement des passagers, débutait le matin à 5 h 20 pour la prise de possession du véhicule qui leur serait confié. Le service proprement dit débutait à 6 heures et se terminait à 10 h. pour reprendre à 13 heures jusqu'à 19 h. Dans l'intervalle et après 19 h., d'autres employés prenaient la relève. La journée de travail rapportait donc de 2,00$ à 2,20$ selon l'ancienneté, mais certains récoltaient jusqu'à... 15,40$ par semaine s'ils s'acquittaient d'heures supplémentaires. La compagnie avait aussi à sa disposition un certain nombre de surnuméraires, dont le plus grand désir était d'accéder à la permanence, non seulement parce que celle-ci signifiait un salaire minimum garanti, mais parce que les employés, portant fièrement uniforme, constituaient une sorte de confrérie, un peu à la manière des cheminots.

Et puis, la compagnie s'intéressait au sort du personnel. Le 1er octobre 1903, les deux parties avaient jeté les bases d'une association mutuelle de bienfaisance dont le rôle était de venir en aide aux employés frappés par un mauvais sort. Sept ans plus tard, la direction inaugurait dans chacune de ses 4 divisions des locaux où le personnel pouvait se détendre en jouant au billard, aux dames, aux échecs. On y trouvait aussi une salle de spectacles, ce qui donnait aux familles l'occasion de se connaître. Cette initiative avait exigé des déboursés de l'ordre de 100 000$.

La compagnie n'ignorait pas que le personnel faisait parfois preuve d'impatience à l'égard de la clientèle, surtout quand celle-ci était priée de descendre de tramway en plein parcours. Aussi, à tous les deux mois, elle faisait tirer au sort 10 billets de 20,00$ chez ceux des employés qui n'avaient fait l'objet d'aucune plainte pendant la période précédente: 5 billets parmi les conducteurs et 5 chez les gardes-moteur.

On peut croire que le personnel accordait une attention particulière aux dames. Par galanterie, bien sûr, mais aussi parce que les statistiques démontraient qu'elle étaient plus menacées que les hommes par les accidents. Peut-être, expliquait *La Presse* (1er février 1912), parce qu'elles sont moins fortes physiquement, mais surtout à cause de leurs jupes étroites dans lesquelles s'embarrassent leurs jambes et de leurs grands chapeaux, qu'elles tentent de rattraper quand le vent les soulèvent, ou qui, lorsqu'elles descendent dans la rue, les empêchent "d'apercevoir à temps la fâcheuse automobile dont l'allure de bolide offre le décès immédiat aux personnes distraites".

Oh qu'en termes élégants...

Sous une nouvelle enseigne

En 1911, donc, la Compagnie des tramways de Montréal avait obtenu sa charte, ce qui lui permettait d'acquérir de plein droit la Compagnie de chemin de fer urbain, de même que trois autres qu'elle contrôlait directement: la *Montreal Park & Island Railway Co.*, la *Montreal Terminal Railway Co.* et la *Public Service Corporation*. La nouvelle charte reçut la sanction provinciale le 24 mars (1911) et dès le mois de novembre, la Compagnie des tramways avait acquis les chartes, contrats, franchises, droits, privilèges et pouvoirs des 4 entreprises susmentionnées, ce que l'Assemblée législative ratifia l'année suivante.

L'*architecte* de cette intégration était un homme d'affaires chevronné, Edmund Arthur Robert, président de la Compagnie des tramways de Montréal et vice-président de la *Canadian Light & Power Co.* Fils d'un huguenot français et d'une mère écossaise, il avait vu le jour à Beauharnois le 3 mars 1864.

En 1881, Robert débutait en affaires chez *Greenshields Ltd.* À la mort de leur père, lui et ses 2 frères prirent la direction de l'entreprise familiale, une filature qui allait connaître un bel essor sous le nom de *Dominion Woollen Manufacturing Co. Ltd.* Mais il ne se contenta pas de son poste de directeur-gérant de cette compagnie. Il avait foi en l'avenir prometteur de l'électricité et il se porta acquéreur du barrage de la pointe Bisson, entrant ainsi de plein fouet dans le domaine de l'énergie hydraulique. Ces installations allaient être acquises par la *St. Lawrence Light & Power Co.*, que devait englober la *Montreal Light, Heat & Power Co.*

En 1901, Robert entreprenait des négociations avec les autorités fédérales pour la location du canal de Beauharnois dans le but d'y produire de l'énergie électrique destinée au marché de Montréal. C'est alors qu'il fonda la *Canadian Light & Power Co.* dont il assuma la vice-présidence et la gérance. Il devait par la suite mettre sur pied le syndicat financier qui prit le contrôle de la Compagnie des tramways.

En 1909, un citoyen nommé Cadieux présentait un billet de 5$ à un préposé à la perception des billets à bord d'un tramway de la rue Saint-Denis. L'employé refusa de lui faire la monnaie. Il poursuivit la compagnie pour recouvrer des dommages qu'il estimait à 50$. Il devait s'agir d'une cause type. Deux ans plus tard, la Cour de circuit reconnaissait que si l'on observe strictement la loi, on pouvait même exiger la monnaie d'une pièce de 10 cents, mais que si l'on s'en tenait à l'usage, on ne pouvait le faire dans le cas d'un billet de plus de 2$. Comme le jugement ne pouvait, semble-t-il, s'inspirer d'aucune jurisprudence canadienne, le tribunal avait pris en considération des décisions qui avaient émané de la Cour suprême de Géorgie, de la Cour d'appel de l'État de New York et de la Cour française de cassation.

En 1911 également, un nouveau type de tramway apparaissait dans les rues de Montréal, ceux de la série "1200". La commande en avait été confiée à deux entreprises canadiennes: l'*Ottawa Car & Foundry Co.* et la *Canadian Car & Foundry Co.* de Montréal. On en reçut tout d'abord 10 exemplaires; la série devait en compter éventuellement 125. C'était le premier véhicule de transport en commun qui ne comportait aucune. cloison entre le public voyageur et le wattman. Il était de couleur jaune clair, mais on les repeignit en vert en 1918. C'était aussi le premier tramway équipé de ventilateurs placés sur le toit, que l'on ouvrait manuellement depuis l'intérieur, et le dernier à afficher à l'extérieur l'identification du circuit. On devait utiliser ce type de tramway pendant une bonne trentaine d'années, et certains de ces véhicules servirent jusqu'en 1956 pour répondre à des situations d'urgence. Voilà donc un autre modèle dont les aînés gardent un souvenir visuel.

Jusqu'en 1914, on ne s'était pas astreint à un espacement à peu près constant des points d'arrêt. Certains n'étaient distants des autres que de 100 à 300 pieds. La compagnie et la ville convinrent que, dorénavant, les tramways ne laisseraient descendre les passagers et ne les cueilleraient qu'à tous les 400 ou 500 pieds, et qu'un affichage serait mis en place à cette fin.

1914... début de la première Guerre mondiale. Déjà, Montréal avait connu les tramways à remorque, mais de façon occasionnelle. Cette fois, ils allaient entrer de plein pied dans le transport des voyageurs. Les tracteurs appartenaient à la série 1525/1549, et les remorques, à la *famille* 1600/1624. La commande en avait été confiée à la compagnie Brill de Philadelphie. Les remorques n'étaient pas motorisées puisqu'on les attelait à des tracteurs; l'électricité nécessaire à leur chauffage et à leur éclairage leur parvenait au moyen d'un fil reliant les 2 unités. En 1935, les tracteurs allaient être convertis en monotrams.

Dix ans plus tard, soit en 1924, fut réalisée la série 1800, des tramways doubles pour les 2 grandes lignes Saint-Denis et Saint-Laurent, où ils devaient être en service pendant 35 ans. On les retrouva plus tard sur les circuits Ontario et Lachine. Ces dévoués gobe-passagers prirent définitivement leur retraite en 1954.

Même si l'incorporation de la Compagnie des tramways de Montréal survint en 1911, cinq années s'écoulèrent avant la signature d'un contrat avec la ville. D'une part, les édiles voulaient faire échec aux appétits des actionnaires, mais, d'autre part, leurs représentations étaient souvent intéressées, y trouvant l'occasion de sustenter leur bagage électoral: la lutte aux trusts retenait l'attention de beaucoup de commettants et constituait une valeur électorale sûre. Par ailleurs, le conseil d'administration de la compagnie, tout en défendant les intérêts des actionnaires, se défiait des représentations d'échevins qui parfois formulaient des voeux peu en accord avec la raison d'être de l'entreprise, celle d'assurer un service de transport en commun.

Nous voyons ici un exemple flagrant de ceux qui succombent à la tentation. Les rails font certainement un chemin idéal à suivre et qu'affectionnent les automobilistes et les charretiers surtout quand la neige bloque le reste de la chaussée. Ces rails, cependant, appartiennent aux voyageurs de tramways et devraient leur être exclusivement réservés.

TRAMWAYS

Le nombre croissant des autos étouffait peu à peu la circulation des tramways. On eut recours à des messages publicitaires comme celui-ci, paru dans *La Presse* du 20 janvier 1929, pour inciter les automobilistes à libérer la voie:

- Si ce tram veut me passer, il n'a qu'à faire un détour: on est trop bien ici pour se déranger.

- Ben! Ça marche sur les rails! On se croirait sur une glissoire!

En 1916, la compagnie détenait une trentaine de franchises dont 14 conseils municipaux surveillaient l'observance. Certaines de ces franchises avaient un caractère de perpétuité; d'autres viendraient à échéance entre 1921 et 1961, la plus importante étant celle de Montréal, qui expirait en août 1922.

La ville se développait rapidement, exigeant le prolongement de lignes, la mise en service d'un matériel roulant plus important et l'accroissement de la puissance des centrales génératrices d'électricité. Tout cela exigeait d'importants investissements qu'il devenait impossible de réaliser en fonction d'une entente bipartite échéant en 1922.

En 1916, donc, l'Assemblée législative confia à une commission le soin d'étudier le problème en profondeur et de préparer un projet de nouveau contrat à conclure avec la ville de Montréal. Celui-ci aurait une durée de 36 ans à partir de son entrée en vigueur. En fait, il ne devait devenir valide que le 28 janvier 1918.

Le défi était de taille car l'objectif était de satisfaire les intérêts de la ville, du public et de la compagnie. On prévoyait que la ville bénéficierait d'une partie des profits après que la compagnie eut retiré un bénéfice raisonnable par rapport à la taille de ses investissements. Il fallait pour cela établir la valeur des actifs. On en dressa un inventaire exhaustif selon les normes d'avant-guerre, sauf pour les terrains et les bâtisses, pour lesquels on appliqua les normes en vigueur en 1917.

Cette évaluation s'établit à 36 286 295$, montant qui ne tenait aucun compte de la valeur de la franchise. C'était une estimation des immobilisations de la compagnie. La commission conçut ensuite un contrat qui fut signé le 28 janvier (1918) et ratifié le 9 février suivant.

La nouvelle entente prévoyait l'institution de 2 fonds de 500 000$ chacun, l'un pour garantir le paiement des dettes ou le respect des obligations contractées par la compagnie avant la signature de l'entente, l'autre pour assurer le renouvellement du matériel roulant en fonction de l'avancement de la technologie, un fonds dont la gestion demeurerait la seule responsabilité de la commission.

Les dividendes seront limités à 10 pour cent. Par ailleurs, la compagnie mettant ses actifs à la disposition de la clientèle, elle aura droit à un rapport de 6 pour cent sur l'évaluation déjà établie des ses actifs plus les sommes investies avec l'approbation de la commission. La compagnie recevra annuellement un montant de 181 431,47$ à même les revenus bruts pour acquitter les frais de financement, de services juridiques, de change, de commissions et autres faux frais découlant de l'administration, le solde du montant devant être déposé dans un compte spécial.

En plus des taxes auxquelles elle est assujettie, la compagnie devra verser annuellement à la ville une somme de 500 000$ sur une base trimestrielle. La compagnie devra établir un fonds pour dépenses imprévues à raison de un pour cent des revenus bruts, mais ne dépassant pas 500 000$, auquel elle aura recours pour assumer des obligations antérieures. Elle ne bénéficiera d'aucune exemption ou commutation de taxes sur ses actifs, y compris les rails, les poteaux et les fils. Elle devra entretenir les pavés entre ses rails et sur 18 pouces de largeur de chaque côté. La ville pourra utiliser les poteaux de la compagnie pour l'installation de ses propres fils électriques, notamment en fonction des systèmes d'alarme de ses services de police et de lutte aux incendies.

La compagnie assumera la moitié du coût de l'enlèvement de la neige, d'un trottoir à l'autre, dans les rues qu'empruntent ses tramways. La ville se réserve le droit d'ouvrir des rues sur les terrains de la compagnie sans lui verser de compensation, et la compagnie devra mettre en place à ses frais toute voie d'évitement desservant les cours municipales et autres établissements de la ville.

Enfin, pompiers et policiers pourront voyager gratuitement dans l'exercice de leurs fonctions.

Le transport en commun accrochait une nouvelle enseigne.

Institution d'une commission permanente

L'administration et la gérance des services de transport en commun figurent au nombre des tâches les plus ingrates. D'une part, il faut tenter de satisfaire la majorité des usagers, et d'autre part, entretenir les meilleures relations possibles avec les autorités en place pour assurer la pérennité du privilège d'exploitation. Un défi difficile à relever, surtout lorsque la politique s'en mêle.

À Montréal, la situation ne faisait pas exception. Pour tenter d'y faire échec, le gouvernement provincial institua, en décembre 1916, une commission chargée d'examiner l'ensemble du problème et de proposer les termes d'une nouvelle entente qui serait à la fois équitable pour la compagnie et acceptable par la ville, de même que par les municipalités environnantes.

À la lumière des travaux de la commission, on en arriva, en janvier 1918, à la mise au point d'un nouveau contrat: la compagnie gérera le système pendant une période de 35 ans, mais sous la juridiction d'une commission permanente composée de 3 membres. À la fin de ce contrat, la ville de Montréal pourra acquérir le système pour un prix équivalant à la valeur de marché des actifs.

La ville, le gouvernement provincial et la compagnie devaient choisir chacun son représentant au sein de la commission. Le 15 avril, le lieutenant-gouverneur en conseil nommait à ces postes, respectivement, l'ex-juge J.-F. Saint-Cyr, le professeur Louis-A. Herdt et l'architecte John S. Archibald, le premier devant assumer la présidence.

Après avoir exercé sa profession, l'avocat Saint-Cyr était devenu magistrat de district en 1909, puis juge des Sessions de la paix en 1914; il était l'auteur d'ouvrages d'intérêt juridique. Ingénieur consultant, le professeur Herdt s'était perfectionné en France et avait enseigné pendant plusieurs années en électricité à l'Université McGill; on avait eu recours à son expérience pour doter la ville de Winnipeg d'un système hydro-électrique. Enfin, l'architecte Archibald bénéficiait d'une excellente réputation: il avait notamment tracé les plans de l'École technique de Montréal, rue Sherbrooke. Ils étaient nommés pour 10 ans.

En fait, la Compagnie des tramways de Montréal et la ville devenaient des associés dans l'exploitation du réseau avec l'objectif d'offrir un service "au prix coûtant". Les recettes devaient servir essentiellement à acquitter les frais d'exploitation, d'entretien et de renouvellement des actifs, à verser aux actionnaires un intérêt de 6 pour cent basé sur la valeur inventoriée de l'avoir matériel de la compagnie, à acquitter les taxes, à payer la moitié du coût de l'enlèvement de la neige dans les rues où elle maintenait des voies et à constituer des fonds de contingences et de réserve. La compagnie devait aussi verser à la ville une redevance annuelle de 500 000$.

À cette époque, la compagnie possédait des voies qui, placées bout à bout, auraient représenté une distance de 265 milles. Elle transportait annuellement plus de 265 millions de passagers et ses revenus bruts s'établissaient à 10 800 000$.

La commission avait le privilège de faire examiner les livres de la compagnie par des comptables agréés et de décréter la construction de nouvelles voies. Elle devait aussi étudier les modalités et la faisabilité de la mise en place d'un service d'autobus. C'est elle qui avait aussi la responsabilité de fixer les tarifs.

La création de cette commission fut généralement accueillie avec faveur, notamment par le *Canadian Municipal Journal* (janvier 1921), qui en profita tout de même pour vanter les mérites de la compagnie. "Quiconque a suivi l'accroissement du réseau au cours de la dernière décennie, écrivait-il, s'étonne de ce que, malgré d'occasionnelles critiques, les litiges et les disputes

Après les frissons du hockey, ceux de la bise hivernale dans l'attente du prochain tramway.

législatives qui ont marqué ses efforts de réorganisation, la gérance de la compagnie s'est employée à améliorer l'efficience de son système au point où, de l'avis de tous, il est supérieur à tous les autres qui existent au Canada et aux États-Unis, et cela, en dépit des difficultés que présentent la topographie de la ville et de ses environs".

Un nouveau défi: le pneu!

Même si l'on reconnaissait l'importance des services que rendaient le tramway, on lui reprochait son manque de souplesse. Prisonnier de ses rails, un incendie, un accident l'immobilisaient, et si le retard menaçait de se prolonger, la modification de l'itinéraire obligeait parfois à de longs détours selon la situation des aiguillages. Et pour que le tramway reculât jusqu'au plus rapproché de ceux-ci, il fallait libérer la voie des autos et des camions qui l'engorgeaient.

Déjà, en 1912, on songeait à la mise en place d'un service d'autobus et une entreprise s'était formée à cette fin, la Compagnie canadienne d'autobus, qui demandait à la ville de lui accorder une franchise exclusive de 10 ans. Les hommes d'affaires qui l'avaient formée ne manquaient pas d'optimisme: elle construirait des usines et des garages d'une valeur d'un million de dollars, donnerait du travail à 1600 citoyens, desservirait ses circuits au moyen de 350 véhicules et promettait de donner une place assise à chaque voyageur! De quoi enthousiasmer les édiles!

L'échevin L.-A. Lapointe, leader du conseil municipal, pilotait le projet avec une belle assurance, suivi en cela de plusieurs de ses collègues. Mais il faut davantage de moyens que d'optimisme pour mener à bien semblable projet, et celui-ci ne dépassa pas le stade des voeux pieux. Il était avant-gardiste, car c'est seulement 7 ans plus tard que le premier autobus fut mis à l'essai, et fort timidement.

En 1919, en effet, la Compagnie des tramways de Montréal décidait de tenter une expérience en autorisant ses ateliers à construire 2 autobus au moyen de châssis de camions de marque *White* propulsés par un moteur de 28 ch. Des employés de la compagnie étaient chargés d'en concevoir la caisse et ils eurent recours au bois verni. Les roues étaient composées de rayons de bois avec jante garnie d'une bande de caoutchouc, dont on dirait abusivement qu'il s'agissait d'un *pneu plein*, donc non gonflé. D'ailleurs, c'est vers cette époque qu'apparurent les pneumatiques Michelin, en France, et l'on s'empressa dès 1920 d'en garnir les roues de 2 véhicules. Chaque autobus coûtait un peu plus de 6 000$ et pouvait transporter 28 passagers, dont 19 assis.

On se proposait tout d'abord de mettre ces deux *précurseurs* à l'essai rue Sainte-Catherine, mais on les assigna plutôt à la rue Bridge. Ils circulaient en plein village aux Oies, entre les rues Wellington et Britannia. Si ce secteur de Montréal portait une appellation aussi populaire, c'est que, jusqu'au siècle dernier, on y venait chasser l'oie blanche. Autres temps, autres migrations!

C'est le 19 novembre 1919, donc, que le premier autobus fit son apparition, conduit par Albert Labelle, le seul wattman, dit-on, qui possédait alors un permis de conducteur d'automobile. Il devait prendre sa retraite au début de 1959, l'année même de la disparition définitive des tramways, après 47 années au service du transport en commun.

On ne saurait taxer la Compagnie des tramways de tiédeur à cette époque. Ces autobus aménagés sur des châssis de camions constituaient certes une étape normale sur la route du progrès, mais elle tenta une autre expérience qui étonna les Montréalais par sa hardiesse avec l'entrée en service du *Versare*.

En descendant la côte de la rue Atwater, les tramways avaient la fâcheuse tendance de quitter les rails et de s'immobiliser ici et là dans les montres d'établissements commerciaux, leurs freins ne parvenant pas toujours à faire échec à leur propre élan. Comme les tramways roulaient fer sur fer, leur adhérence aux rails ne s'avérait pas toujours suffisante. Les ingénieurs pensèrent probablement que le pneumatique offrait plus de sécurité à ce chapitre. On mit donc en chantier un *monstre* doté d'un moteur de 12 cylindres en ligne, long de 7 pieds et qu'abritait un capot haut de 6 pieds par rapport au sol. Non seulement le train arrière était à 2 essieux, mais celui de l'avant également, comme quoi cette astuce mécanique n'est pas d'initiative récente. Comme ce superautobus consommait un gallon (4,5 litres) d'essence pour franchir 2 milles (3,2 km), on l'avait équipé d'un réservoir de 120 gallons (454,2 litres).

Le mastodonte fit honneur à la confiance qu'on avait investie en lui. Le *Versare* s'acquitta fidèlement de la tâche qu'on lui avait confiée, mais il *blanchit sous le harnois* et, sans doute usé par l'âge, il se rompit en 1936 dans cette même côté dont il avait si longtemps défié l'accélérisatrice déclivité.

C'est seulement en 1925 que la mise en service d'autobus, 6 ans après l'expérience de 1919, allait s'imposer comme moyen de transport en commun. Le 6 août 1925, on inaugurait la ligne n° 90, reliant Montréal-Ouest à Lachine. Neuf jours plus tard, on en faisait autant entre Verdun et Lachine. Puis, le 19 août, des autobus assuraient le service, rue Sherbrooke, entre Papineau et Victoria, à raison de 10 cents par passage (3 pour 25 cents). Déjà, cette année-là (1925), les autobus transportent 1 026 630 passagers.

C'est, de toute évidence, le moyen de transport de l'avenir, souple, confortable. Le moteur diesel fait ses preuves et son emploi se généralise.

À la même époque, le trolleybus apparaît. Le 22 mars 1937, on en inaugure un service rue Beaubien. C'est un moyen de transport plus souple que le tramway, silencieux et non polluant. Les 7 premiers véhicules ont été achetés à l'*Associated Equipment Corporation* en Angleterre. Après la guerre, la Compagnie des tramways en commande 105 exemplaires auprès de la *Canadian Car & Foundry*. De solides véhicules, sans doute, puisqu'en Mexico! Le dernier de nos trolleybus avait été retiré du circuit Beaubien n° 26 le 18 juin 1966 à 2 h 28.

Avec l'entrée en service des premiers tramways électriques, en 1892, le transport en commun avait connu un remarquable progrès. En 1919, une autre ère de développement s'ouvrait pour lui avec l'avènement de l'autobus, qui permettait d'assouplir les itinéraires et de desservir les quartiers non dotés de rails. La carrosserie du prototype fut dessinée et réalisée aux ateliers Youville et montée sur un châssis de camion roulant sur des *pneus pleins*. Pas de démarreur mécanique ni de chaufferettes: le pratique avait préséance sur le confort.

La *Canadian Car & Foundry* avait entrepris la construction de tramways dès 1912 à ses ateliers Turcot. En 1945, à ses usines de Fort William, Ontario, elle se lançait dans la production d'autobus et, en 11 ans, 3 400 unités en sortirent. En 1956, la Commission de transport de Montréal desservait 75 pour cent du district métropolitain au moyen de 845 autobus et trolleybus *Can-Car*.

Le beau rêve des voies souterraines

La Commission des tramways de Montréal n'existait que depuis
10 ans lorsque se dessina un mouvement favorable à la mise en
place d'un système souterrain de transport en commun. On
estimait que le service en surface avait atteint un point de
saturation au coeur de la ville. C'est ce que s'efforça de démontrer le président de la Commission, M. J.-F. Saint-Cyr, à l'occasion d'une conférence devant les membres de la Chambre de
commerce du district de Montréal, le 15 mai 1929.

Il cita tout d'abord un article paru le 2 mars précédent dans le
Financial Post de Toronto, et dont il avait pris connaissance, on
le devine sans peine, avec beaucoup de satisfaction. "La ville de
Montréal, constatait le journal, possède un excellent service de
tramways si on le compare à ceux des villes de même importance,
qui offre de solides titres aux investisseurs, base sa gestion sur un
objectif de bas tarifs et verse chaque année à la ville d'importantes sommes d'argent qui contribuent à diminuer les taxes."

Depuis 1921, rappelait M. Saint-Cyr, le tarif a été en moyenne de
6,04 cents, alors qu'au 31 mars 1929, il était de 8,33 cents dans
les villes américaines de 25 000 habitants et plus. Le matériel
roulant, ajoutait-il, est de toute première qualité. Les voitures
désuètes font graduellement place à de plus modernes: à la fin de
l'année (1929), sur mille tramways, il n'en restera en service
qu'une centaine qui ne seront pas de construction récente.

Mais la qualité du service ne pourra être maintenue devant les
problèmes de circulation résultant du nombre croissant des
automobiles. En 1923, on a émis 29 738 immatriculations dans
l'île de Montréal. Cinq ans plus tard, ce nombre avait plus que
doublé: 63 941. Or, à cette croissance, il faut ajouter les autos des
visiteurs. En 1923, 130 099 véhicules avaient franchi la frontière
en provenance des États-Unis; en 1928, leur nombre avait plus

que triplé: 452 775. Plus de 60 pour cent de ces autos venaient à Montréal, ce qui aggravait le problème surtout pendant la belle saison.

Mais pour illustrer la situation en dehors de la saison touristique, M. Saint-Cyr cita les résultats de relevés effectués le 18 mars 1929, entre 17 et 18 heures, à deux intersections. On y avait compté le nombre des véhicules, automobiles et tramways, qui y étaient passés, de même que celui de leurs passagers.

À l'angle des avenues du Parc et du Mont-Royal: 242 tramways et 1 142 autos, représentant respectivement 17,48 et 82,52 pour cent des véhicules. Or, les tramways transportaient 13 757 passagers, et les autos, 2 179, soit 86,61 pour cent des voyageurs, respectivement, soit, en moyenne, 56,43 par tramway et 1,90 par auto. En somme, 15 pour cent des véhicules, les tramways, déplaçaient 75 pour cent de la clientèle.

Déjà, le président de la Commission proposait des mesures qui allaient se multiplier au fil des ans: limitation du stationnement, soit en le prohibant, soit en le restreignant là où passent les voies, suppression de virages à gauche, réglementation des livraisons de marchandises et de la traction animale, adoption du sens unique pour certaines rues, ouverture de nouvelles artères ou élargissement de certaines, etc.

De 1871 à 1901, la population du district de Montréal était passée de 116 896 à 348 686, puis à 944 834 en 1926. À ce rythme là, on prévoyait qu'elle atteindrait approximativement 1 400 000 citoyens en 1940 et 1 800 000 en 1950.

Le nombre des voyageurs qui avaient utilisé les tramways en 1901 s'établissait à 46 741 660, et 237 506 621 en 1928, et les voitures, qui avaient franchi 10 500 000 milles en 1901, en avaient parcouru 31 821 014 en 1928.

En face de ces chiffres, affirmait M. Saint-Cyr, il va de soi que l'entrée en service d'autobus ne saurait régler le problème, ceux-ci n'étant que les auxiliaires des tramways. Et le président de rappeler la stature des grandes villes du monde au moment où elles s'étaient dotées de services rapides de transport: Londres en 1864, avec 1 665 000 habitants; New York en 1875 (1 478 000 h); Buenos Aires en 1887 (850 000 h); Chicago en 1892 (1 225 000 h); Boston en 1894 (450 000 h); Berlin en 1897 (1 900 000 h); Paris en 1902 (2 750 000 h); Philadelphie en 1902 (1 250 000 h); Hambourg en 1911 (931 000 h); Glasgow en 1923 (1 034 174 h).

Le président abordait ensuite la question des coûts en procédant par mille de longueur. Dans le cas de tunnels à double voie, il s'était établi à 5 095 200$ dans le cas de Boston. À New York, le coût avait varié selon la nature des secteurs: 3 820 000$ pour les lignes A, construites en banlieue; 5 620 000$ dans le cas des lignes B, en milieu résidentiel; 7 650 000$ dans celui des lignes C dans le secteur des affaires et 11 250 000$ à l'intérieur de semblable secteur, là où les rues étaient commerciales et étroites.

Montréal, dit-il, pourrait se comparer à la catégorie B, de sorte que le coût par mille se situerait quelque part entre cinq et six millions de dollars. Mais, ajoutait-il, tout retard dans la mise en chantier d'un métro souterrain risquerait de nous faire passer rapidement à la catégorie C, même à la D.

En terminant, le président proposa deux lignes principales au départ: l'une dans l'axe nord-sud allant de la rue Craig à l'avenue Mont-Royal, l'autre est-ouest, entre les rues Parthenais et Atwater.

L'année suivante (1930), le président de la compagnie de tramways, M. R.N. Watt, reprenait le même thème devant les membres du club Rotary. Un réseau souterrain était devenu nécessaire, disait-il. Une première ligne, longue de 8 milles,

En attendant la réalisation du beau rêve des voies souterraines, les tramways se tamponnaient en surface, sur des rails glissants. Angle des rues Windsor et Saint-Antoine, à Montréal, vers 1946.

exigerait un investissement de 65 000 000$ et transporterait à elle seule 150 millions des actuels 250 millions d'usagers du tramway.

Pour certains, des projets aussi grandioses ne pouvaient naître pour l'instant que dans les imaginations fertiles. "Ils vont de pair, lisait-on dans *La Revue Populaire* (novembre 1932), avec la réalisation du célèbre plan d'ensemble dont on parle tant. Toutes les grandes villes se sont vues forcées d'adopter des mesures radicales à ce sujet. Montréal ne pourra échapper longtemps à la poussée du progrès qui exige des communications rapides et faciles: l'élargissement de certaines rues du centre d'après un plan défini, la création d'un réseau de voies souterraines." La revue, cependant, voyait une plus grande priorité dans le temps. "Mais, disait-elle en guise de conclusion, la première étape devra être, de l'avis de tous, la reconstruction du marché Bonsecours, qui est intimement lié à la vie économique de la plus grande ville canadienne!" Décidément, tous les défis n'étaient pas de même taille!

Le beau rêve des années 1929-30 devait attendre encore plus de 30 ans avant de prendre forme. C'est en octobre 1966, en effet, que fut inauguré un premier réseau jalonné de 26 stations. Montréal prenait enfin sa place au rang des grandes villes internationales dans le domaine du transport en commun.

L'avènement du tramway à employé unique

Au début des années 30 s'amorça une période difficile, bien que le réseau prît de l'expansion. En 1930, on inaugura deux sous-stations électriques, aux rues Guy et Viau. L'année suivante, on ouvrit de nouvelles remise, à la Côte-Saint-Paul, pouvant abriter 114 tramways.

À cette époque, la compagnie disposait de 19 modèles de voitures, s'échelonnant depuis le petit à un seul bogie et à employé unique circulant sur le chemin Shakespeare jusqu'au long tramway jaune de la ligne 17 aboutissant à la gare de Cartierville. On en possédait encore d'anciens à sièges longitudi-naux s'étirant d'une extrémité à l'autre, d'autres faits de bois avec plate-forme ouverte et certains, desservant la ligne de Lachine, avec portes au centre. On était fier du modèle 800 aux flancs d'acier et du 901, considéré comme le premier tramway moderne, dont 50 exemplaires parcouraient les rues de la ville. Puis vinrent les 1 200, avec châssis entièrement métallique, et les 1 400, au toit "en forme de carapace de tortue". Enfin, la compagnie avait mis en service 3 modèles à employé unique, dont la largeur des portes arrières variait pour fins d'essai, de même que des modèles bidirectionnels. Aux heures de pointe, on disposait de deux genres de voitures à remorquer que l'on attelait à d'autres.

Mais la compagnie disposait aussi, en 1931, de 155 autobus dont les itinéraires étaient conçus en complémentarité des lignes de tramways. Cette année-là, les premiers, qui circulaient sur une distance totale de 115 milles, franchirent pas moins de 5 millions et demi de milles, et les tramways, avec 314 milles de voies, 28 millions de milles! On peut mesurer la taille des services que le transport en commun rendait déjà il y a 6 décennies!

Le coût du ticket était de 7 cents, mais on pouvait en acheter 4 pour 25 cents ou 50 pour 3,00$. Les élèves bénéficiaient d'un tarif réduit. En 1931, le coût moyen s'établissait à 6,035 cents, dont un peu plus d'un demi-cent était versé à la ville. Il avait à peine varié depuis 1921, alors qu'en 1931, il était passé de 7,18 à 7,83 cents dans les villes des États-Unis de plus de 50 000 habitants. Dans la plupart des cas, le tarif était le même pour les autobus que pour les tramways, sauf qu'on payait les tickets à raison de 3 pour 25 cents sur 3 parcours particuliers, et qu'il en coûtait 5 cents pour se rendre à l'île Sainte-Hélène. Depuis l'année précédente (1930), le tout nouveau pont du Havre (l'actuel Jacques-Cartier) facilitait l'accès à ce pittoresque parc insulaire.

Jusque là, les opérations financières de la compagnie s'étaient maintenues au beau fixe. Ainsi, depuis le renouvellement de la franchise, en 1918, et sous l'égide de la Commission des tramways, elle avait versé à la ville 14 millions de dollars en autant d'années, tant pour la redevance que pour taxes, permis et contribution à l'enlèvement de la neige.

En 1933, la compagnie décida de procéder au remplacement de ses voies, rue Ste-Catherine. La circulation y fut fortement perturbée. Comme ces rails ne pouvaient servir nulle part ailleurs, on les vendit comme rebuts à l'industrie sidérurgique japonaise. À la fin d'août, on en chargeait 3 500 tonnes à bord du cargo norvégien *Eli*. Celui-ci devait faire escale à Québec pour prendre à son bord de la ferraille provenant d'un autre navire, le *Levnet*, qui s'était trop abîmé sur un récif, au large de Matane, pour être réparé. C'est un syndicat dirigé par la firme Deitcher, des marchands de Montréal, qui avait acheté l'épave.

En 1929 s'était amorcée une décroissance de la clientèle. Celle-ci avait chuté de 21,8% au cours des 4 années suivantes. Ainsi, en 1933, le nombre total des passagers s'établissait à 13 600 000 de moins que l'année précédente, une diminution de 6,96 pour cent, et la compagnie avait enregistré un déficit de plus d'un demi-million de dollars.

La dette flottante exigeait le versement de lourds intérêts. Elle réaménagea ses lignes et réduisit ses dépenses, mais ces mesures n'étaient pas suffisantes. Il ne restait qu'une alternative: soit accroître le prix du passage, soit diminuer l'importance numérique du personnel en augmentant le nombre des tramways à employé unique, les *monotrams* ou *solotrams*, disait-on, pour faire échec au *one man car*. Le recours à cette formule souleva les plus véhémentes protestations dont les journaux se firent abondamment l'écho, notamment *Le Devoir*, sous la plume acérée de l'éditorialiste Louis Dupire.

On parlait de municipalisation, et l'un des plus fervents protagonistes de cette mesure, chez les édiles, était l'échevin Joseph Schubert. Même le Parti travailliste du Canada s'intéressa à cette question et délégua de ses représentants auprès du comité exécutif de la ville pour lui recommander l'achat des actifs de la compagnie pour la somme de 60 millions de dollars. Si on ne trouve pas un tel montant à emprunter au Canada, disait le parti, qu'on se tourne vers la Grande-Bretagne. La dette flottante de l'entreprise exige le versement d'intérêts onéreux. Sur les 12 millions de dollars de revenus bruts de la compagnie, elle en consacre près de 4 à ce seul poste. Ceci équivaut à plus de 9 000$ par jour, ou encore à ce que 130 000 usagers doivent verser pour leur passage. Le moment est favorable à des emprunts au taux de 4 pour cent. On pourrait ainsi économiser plus d'un million de dollars par an, ce qui serait bien plus logique que de recourir à des tramways à employé unique ou à l'augmentation des tarifs.

Le 23 mai 1934, l'échevin Schubert proposait d'anticiper de 19 ans le privilège que la ville pouvait exercer à la fin du contrat en achetant la compagnie dont les avoirs pouvaient être équitablement évalués à 54,849,000$. Il suggérait de s'en remettre à la Commission des tramways pour la détermination de ces actifs et d'y ajouter une prime de 10 pour cent.

"La proposition Schubert, écrivait le journaliste Dupire, est le seul moyen d'éviter l'inconfort pour le public de l'augmentation des *one man cars* que la compagnie propose d'accroître de 50 pour cent. Dix-huit pour cent du trajet total de ses voitures est accompli à l'heure actuelle par des tramways à employé unique; elle se propose de porter la proportion à 27 pour cent, et sans espoir de boucler son budget. La proposition Schubert serait également le seul moyen d'éviter, sans augmenter le prix du tarif, la mise en chômage d'un grand nombre de vieux employés."

Mais le tramway à employé unique n'était pas une innovation. Il en existait à Montréal dès 1924. C'est seulement 10 ans plus tard qu'il y eut une levée de boucliers à son endroit. On en mit en service, rue Notre-Dame à la mi-avril 1934. La formule était déjà répandue dans les grandes villes des États-Unis et voici dans quelles proportions en pourcentage: Philadelphie, 63; Saint Louis 70; Baltimore, 57; Boston (voies élevées), 85; Pittsburgh, 98; New York (ligne de la 3e Avenue), 97; Buffalo, 100; Milwaukee, 78; Cincinnati, 50; Kansas City, 100; Seattle 92. Et les compagnies *Brooklyn & Queens*, *Newark Jersey City* et *Minneapolis Twin City*, 72, 100 et 50 pour cent respectivement. À Toronto, la conversation avait atteint 40 pour cent.

Malgré l'expérience acquise à l'étranger, le Syndicat catholique national des employés de tramway s'érigea contre la mise en service de tels véhicules, non seulement parce qu'il en résulterait un accroissement du chômage, mais en tenant compte de la sécurité des passagers et du personnel. Ils ont déjà causé de nombreux accidents, prétendait-il, et lorsque des employés ont été blessés, il n'y avait aucun représentant de la compagnie pour en prendre soin!

Le 15 mai (1934), on devait doter de voitures de cette catégorie la ligne de Cartierville (n° 17), mais la controverse à leur sujet amena le président du comité exécutif de la ville, le notaire

En 1926 entrait en service ce monotram doté d'un poste de conduite à chaque extrémité.

Le dernier des monotrams à rouler dans les rues de la ville. Celui-ci assurait le service avenue Papineau, à Montréal. Ce prototype datait de 1944.

Jean-Marie-Savignac, à intervenir auprès du président de la Commission des tramways pour lui demander d'ajourner le projet, les autorités municipales n'en ayant pas été informées au préalable, pas plus d'ailleurs que dans le cas de la ligne d'Outremont (n° 29). La Commission accorda un certain répit aux édiles afin de leur donner le temps de se rendre compte qu'il n'y avait pas d'autre issue.

À plus d'un demi-siècle de distance, on a peine à croire que cette controverse ait pu soulever autant les passions. Louis Dupire, que nous avons déjà cité, avait recours à des figures de style et à des comparaisons que l'on ne trouverait probablement plus dans nos journaux. Il dénonçait violemment l'influence indue des hommes d'affaires qui dirigeaient la compagnie. "Ils forment un trust comparable par son étendue et sa puissance à ceux qu'Insull avait édifiés à Chicago, écrivait-il. Mais le puissant édifice s'est écroulé dans la suzeraineté d'Al Capone, et Insull est en prison, comme Al Capone lui-même!"

Dupire ajoutait que la population montréalaise s'était montrée d'une patience inouïe: elle a été "cette cruche inerte qui va à l'eau pour puiser des dividendes pour certains messieurs au ventre doré". Il n'y allait pas avec le dos de la cuiller, allant jusqu'à établir un parallèle entre le transport des citoyens et celui des porcs, rappelant le contenu d'une circulaire officielle du ministère fédéral de l'Agriculture signalant que dans les wagons à bestiaux, le chargement régulier était de 80 porcs de 200 livres avec une réduction de 10 à 25 pour cent du nombre "lorsque les conditions de température rendent cette réduction nécessaire".

Enfin, Dupire s'en prenait à la formule même du tramway. "Tous ceux qui ont voyagé, écrivait-il, ou ont suivi un peu le mouvement aux États-Unis savent que le tramway y est devenu un mode de transport archaïque, partout supplanté par l'autobus. Il n'y a plus guère que Montréal où le déséquilibre entre le pneu et le rail reste si grand. Et pour cause: la *Shawinigan*, qui contrôle la

United Securities, laquelle contrôle à son tour le Tramway, vend de l'électricité et non pas de l'essence."

On peut se demander ce que l'éditorialiste penserait aujourd'hui de ce qu'il signait alors. Évidemment, on n'accordait encore aucune attention à la pollution des villes. Tout *archaïques* qu'ils fussent, les tramways demeurèrent en service pendant un autre quart de siècle, et, quelques années après leur disparition, on *découvrit* qu'ils avaient un grand avantage: celui de recourir à une énergie *propre*. N'était-ce pas aussi le cas des trolleybus?

Les syndicats continuèrent leur campagne contre les tramways à employé unique. Ils tenaient une autre assemblée le 22 mai (1934). Nous connaissons ces véhicules depuis 1927, disaient-ils, et l'expérience démontre que ce genre de véhicule exige une attention si grande et une tension nerveuse si soutenue de la part du préposé qu'elles épuisent ses forces et ruinent sa santé en peu d'années; c'est, affirmaient-ils un *presse-citron*. On ne pouvait établir de parallèle entre Montréal et les grandes villes des États-Unis, car la clientèle des véhicules de surface y diminuait chaque année.

À ces arguments s'en ajoutaient d'autres. La compagnie veut épargner 600 000$ par année et par tramway à employé unique. C'est la somme que perdront les employés. Ou bien la compagnie congédiera un grand nombre d'employés, ou elle réduira considérablement les heures de travail. Dans les deux cas, la misère s'installera en de nombreux foyers. La compagnie veut donc régler ses problèmes financiers par le moyen le plus antisocial que l'on puisse imaginer "au moment où la machine continue de remplacer l'homme".

Mais, les syndicats ne proposent aucune autre solution. "Les employés ne s'étant jamais mêlés des finances de la compagnie pendant les années de prospérité, il ne leur appartient pas de trouver des solutions aux problèmes financiers en temps de crise.

Qu'on pratique des économies sur les hauts salaires et que l'on baisse les dividendes, qui sont encore à 9 pour cent. C'est la doctrine prêchée par les encycliques."

Un demi-siècle plus tard, le refrain n'a pas changé. Les interventions se multiplient auprès des gouvernements pour l'obtention de nouveaux services, mais les demandeurs ne suggèrent jamais les postes du budget où l'on devrait effectuer des coupures de même taille!

En somme, le problème se posait ainsi: ou bien la compagnie porterait de 18 à 30 pour cent la proportion de ses véhicules à employé unique, ou bien le prix des tickets passerait de 4 à 3 pour 25 cents. Les syndicats revinrent à la charge de façon émotive. Les tarifs du transport et les 500 000$ que la Commission des tramways doit verser chaque année à la ville, représentèrent-ils au comité exécutif de celle-ci, ne peuvent justifier la mise en circulation de nouveaux véhicules à employé unique, car ce demi-million de dollars "n'est rien en comparaison de la vie du plus humble des enfants du peuple".

Heureusement, il firent appel à des arguments moins mélodramatiques. "En 1930, rappelaient-ils, la compagnie a payé à la Shawinigan Water and Power, dont elle est la filiale, 1 069 000$ pour l'énergie électrique consommée. Elle a donc intérêt à payer son électricité le plus cher possible pour donner de beaux dividendes à la Shawinigan. Et puis, en 1933, elle a versé 612 000$ en dividendes, soit 10 pour cent. Si on les ramenait à 6 pour cent, on économiserait 245 000$."

Peu à peu, on eut recours à un néologisme pour désigner le véhicule à employé unique: monotram. Certains représentèrent que de toute façon, le tramway était unique, même si 2 employés s'y trouvaient. En 1934, Me Philippe Ferland, alors vice-président de l'Association catholique de la jeunesse canadienne, se porta à la défense de ce terme. Le préfixe *mono*, expliquait-il, ne donne pas une idée d'unicité qu'au mot dont il est le préfixe, mais aussi à des particularités du même mot. Ainsi, dans *monologue*, disait-il, l'idée d'unicité se porte non pas sur le discours, mais sur le personnage qui le fait puisqu'il se parle à lui-même; dans *monophone*, on dirige l'attention non pas sur l'unicité de la voix, mais du dispositif qui comporte en même temps le récepteur et le transmetteur (on dit maintenant *combiné*); dans *monogame*, il y a une idée d'unicité non pas quant au mariage, mais quant au conjoint. Or, terminait Me Ferland, dans *monotram*, l'idée d'unicité se porte non pas sur le tram, mais sur les employés, qui ne doivent être qu'un seul à la fois. Certains voulurent populariser *solotram*, mais *monotram* semble avoir prévalu. C'est le terme que nous utiliserons dorénavant.

La prétention à l'effet que la conduite d'un monotram usait son préposé et lui imposait des tâches qui retenaient parfois trop son attention fit son chemin jusqu'au niveau de la magistrature, comme semble en faire foi un jugement rendu le 3 juillet (1934) par le juge Alfred Forest, de la Cour supérieure de Montréal, condamnant la Compagnie des tramways à verser 519$ à un citoyen, Oswald Saint-Louis, dont l'auto avait été endommagée par un monotram. "En un tel cas, avait décidé le magistrat, il est impossible qu'il n'y ait pas présomption contre la compagnie puisque l'employé doit faire le travail de deux hommes."

Un million de passagers par jour

Pendant que syndicats et patrons se chamaillent au sujet du monotram, voyons quelle stature la compagnie a atteinte en 1935.

Elle transporte quotidiennement environ un million de passagers au moyen d'un millier de tramways et de 153 autobus qui assurent le service sur 70 itinéraires à raison de 18 heures par jour. Ceci n'exige pas qu'un imposant matériel roulant, mais un nombreux personnel, le tout incorporé à une structure décentralisée.

Les véhicules rayonnent depuis 5 dépôts, chacun possédant des employés chargés de nettoyer les véhicules, de les inspecter et de les réparer quand les bris sont peu importants. Environ 250 hommes s'en acquittent.

Dans le cas de réparations majeures, les véhicules sont conduits aux ateliers Youville, situés boulevard Saint-Laurent, à l'angle de la rue Bellechasse. Il s'y trouve 300 mécaniciens répartis en 7 sections: usinage, forge, électricité, freins à air comprimé, menuiserie, peinture et réfection. Tous les éléments de chaque tramway sont ainsi révisés à tous les 18 mois, et l'équipement des ateliers peut non seulement entretenir les voitures, mais en construire.

Le courant alternatif qui anime tout le réseau est de l'ordre de 13 200 volts lorsqu'il atteint la centrale de distribution, d'où on l'oriente vers 13 sous-stations; il y est transformé en courant continu de voltage inférieur et transmis par un réseau de câbles aux fils qui alimentent les trolleys. Et pour se prémunir contre toute panne du système, on a installé une génératrice auxiliaire mue à la vapeur, capable d'assurer le fonctionnement de tout l'équipement.

Malgré tous les efforts, les quelques 5 000 employés ne parviennent pas à atteindre la perfection quant à la régularité du service sur des voies qui, mises bout à bout, iraient presque de Montréal à Toronto. L'immobilisation d'un tramway à cause de circonstances particulières, comme c'est souvent le cas lors d'incendies que l'on combat au moyen de boyaux qui traversent les voies, peut se répercuter sur l'horaire d'une vingtaine d'autres. Beaucoup de facteurs peuvent interrompre momentanément le service: convoi funèbre, accident d'auto, foules à la sortie des théâtres; 44 inspecteurs ont pour mission de faire échec à ces situations dans la mesure du possible. On évalue sans cesse les flux de passagers à divers endroits de la ville afin de modifier les horaires en conséquence.

Il va de soi qu'en hiver, l'exploitation du réseau se compliquait, avec la chute d'environ 120 pouces (plus de 3 mètres) de neige et des froids souvent sibériens. C'est dans ses hangars de la rue Côté que la compagnie remisait l'équipement nécessaire au maintien du service dans les meilleures conditions possibles: 35 balayeuses mécaniques à chariot simple et 7 à double chariot, 3 chasse-neige rotatifs à chariot simple et 2 à double chariot, 14 chasse-neige équipés d'une aile latérale, 9 niveleuses, 11 wagons épandeurs de sel et 30 autres, à bascule, pour le transport de la neige.

La compagnie installe des coffres à sel dans les plans inclinés et autres points névralgiques, de même que des clôtures là où le vent risque d'accumuler des congères; elle équipe également de chasse-neige l'avant de ses tramways suburbains. Au moyen de bulletins atmosphériques et météorologiques obtenus de l'Université McGill, elle mobilise ses équipes à l'annonce des tempêtes et les tient à la disposition des surintendants divisionnaires.

À cette époque, les tramways complètement fermés sont en service depuis longtemps, ce qui non seulement protège la santé des passagers et du personnel, mais diminue les risques d'accidents. On compte maintenant 150 autobus qui assurent au service une régularité fort appréciée, notamment parce qu'ils ne sont pas prisonniers de rails.

En dépit des sautes d'humeur de la clientèle, la compagnie a mérité les éloges du milieu du transport en commun, notamment l'*Anthony N. Brady Certificate of Honorable Mention* de l'*American Museum of Safety* pour ses initiatives dans la prévention des accidents et, en 1933, le *Special of Merit* du *Transit Journal*.

Le réseau n'offre pas que l'avantage du transport en commun: il contribue aussi à faire tourner la roue de l'économie. Ses 5 000 employés et leurs dépendants représentent quantitativement la population d'une petite ville. La masse salariale a plus que triplé en 25 ans: elle est passée de 1 931 514,43$ en 1910 à 5 236 681,71 en 1934. Et la compagnie verse à la trésorerie municipale, chaque année, plus d'un million de dollars à différents titres: usage des rues, enlèvement de la neige, taxes et permis divers.

Jusque vers 1935, les autobus étaient propulsés par un moteur placé à l'avant. On en mit alors de plus modernes en service, avec moteur à l'arrière, ce qui assurait au chauffeur une meilleure visibilité et à la caisse un plancher plus spacieux. On pouvait y prendre 35 voyageurs assis, et les freins, à air comprimé, étaient munis d'un dispositif de compensation pour faire échec aux heurts lors des arrêts brusques.

La compagnie possédait alors 166 autobus, dont 16 mûs par moteur diesel. Le principal garage, situé à Saint-Henri, pouvait en abriter une centaine. Il se complétait d'un vaste atelier équipé non seulement de fosses, mais aussi d'une toute nouvelle merveille, des monte-charge hydrauliques qui soulevaient les véhicules et en plaçaient le châssis à la portée des mécaniciens. En octobre 1936, les membres de la Chambre de commerce des jeunes visitaient les principales installations de la compagnie, notamment les ateliers

Scène de rue · Montréal, toile d'Adrien Hébert, 812 cm x 1 016 cm. Musée du Québec.

Youville, et s'intéressaient particulièrement au dispositif qu'on avait mis en place pour orienter les tramways vers la voie où on les réparerait. Il s'agissait d'une table pivotante sur laquelle s'immobilisait le véhicule et qui le plaçait dans l'axe même de la voie qu'il devait emprunter. Et en passant par un deuxième garage réservé aux autobus, ils mesuraient le chemin parcouru depuis 1892, car on y avait remisé le *Rocket*, le tramway électrique qui, en 1892, avait bravement inauguré la motorisation du transport en commun à Montréal.

Le réseau ne recourait pas qu'à la formation sur le tas pour l'entraînement du nouveau personnel. Elle avait transformé le premier étage de son immeuble du terminus Craig en une école équipée de tous les éléments mécaniques d'un tramway.

La guerre au monotram continue

Malgré les éloges dont elle était l'objet auprès des spécialistes du transport en commun, la compagnie ne jouissait pas d'une cote d'amour au beau fixe chez les usagers, les syndiqués et les politiciens. Non seulement oeuvrait-elle en un domaine particulièrement ingrat où il est impossible de satisfaire la clientèle en tout temps, mais elle demeurait constamment dans le collimateur des chefs ouvriers et des redresseurs de torts, de même que de plusieurs hommes publics qui voyaient dans leurs critiques une source de popularité auprès de la masse, notamment quand il était question d'augmenter le prix du passage.

Ainsi, le 4 février 1935, le conseil municipal décidait de rencontrer les membres de la Commission des tramways dans le but d'éplucher avec elle les bilans de la compagnie pour amener celle-ci à démontrer qu'elle se trouvait devant la nécessité absolue d'accroître le prix de ses tickets. On parle encore du monotram et le maire Camillien Houde invite les échevins à la prudence "en présence d'un fait accompli". La suppression totale des véhicules de ce type accroîtrait les dépenses de la compagnie d'au moins 776 000$ par an.

Le lendemain, le conseiller Allan Bray, du quartier Saint-Henri, tente d'amener le conseil à proscrire quand même les monotrams, mais n'y parvient pas, puis il se fait l'avocat d'un réseau souterrain. Le maire précise que la réserve de la compagnie pour le renouvellement et l'entretien de son matériel roulant et de ses propriétés ne se situe plus qu'à 380 000$, et que si cette réserve baisse au-dessous de 300 000$, elle doit augmenter ses tarifs en vertu de l'entente qui la lie à la ville. Le conseiller F.-J. Leduc fait adopter par le conseil une proposition à l'effet que ce soit une commission municipale qui soit chargée de disséquer les bilans de l'entreprise.

Celle-ci, en cette même année, orne l'avant de ses tramways d'un abat-jour métallique dissimulant 5 ampoules de 36 watts et éclairant des messages publicitaires. Bien sûr, les revenus qu'elle espère en retirer ne seront qu'une goutte d'eau dans ses efforts pour alimenter un budget déficitaire, mais l'initiative aura au moins le mérite d'atténuer le feu cru qui parfois aveugle piétons et automobilistes.

Les ennemis du monotram ne jettent pas la serviette. Le conseiller Bray gagne son collègue Hector Dupuis à sa cause et, le 27 mai, ils soumettent au comité exécutif une proposition à l'effet que celui-ci ordonne à la compagnie de commencer dans les 48 heures à remplacer ses véhicules à employé unique par d'autres ayant recours à un wattman et à un *conducteur*, avec menace qu'en cas contraire, on la traduira en justice. Intervention inutile: le comité rejette la proposition, car dit-il les procès sont souvent fort longs, et la compagnie aura le temps de mettre en service beaucoup d'autres monotrams. Le conseiller Abraham Dupéré, de Mercier, se déclare prêt, en un tel cas, à se charger de démarches pour tenter d'obtenir une injonction.

Rien de ceci ne freine les efforts de la compagnie pour améliorer la qualité du service. Jusque là, les wattmans doivent actionner les aiguilles manuellement au moyen d'une tringle de manoeuvre depuis un orifice pratiqué dans le plancher du véhicule, près de leur siège. Combien de fois ne doivent-ils pas pourtant descendre dans la rue, sous la pluie et la neige, pour s'en acquitter? En 1935, à l'occasion du remplacement des rails rue Saint-Jacques et au square Victoria, on installe des aiguilles automatiques. Jusqu'alors, la compagnie en a mis 29 en place, ce qui n'est encore que fort peu, compte tenu des quelques 1 200 aiguilles manuelles qui jalonnent le réseau.

Les circuits de banlieue n'en possèdent pas encore, car on a donné priorité au centre de la ville, notamment à la rue Sainte-Catherine, où il s'impose d'accélérer le service. On a pris soin de s'assurer que le mécanisme ne serait pas actionné par l'arrivée d'un tramway lorsque l'aiguille se trouve entre les deux bogies de celui qui le précède! Et la compagnie ne manque pas de signaler que les nouveaux dispositifs allègent le travail des préposés de monotrams.

En cette même année 1935, nouvelle appréciation de l'initiative de la compagnie, cette fois en ce qui a trait à l'amélioration des procédés d'entretien des voitures: elle remporte en ce domaine un nouveau trophée du *Transit Journal*, se classant ainsi au premier rang de toutes les entreprises de transport en commun des États-Unis et du Canada.

La campagne contre les monotrams s'amenuise peu à peu. L'a-t-on vidée de ses avantages électoralistes? S'est-on rendu compte que le maire Houde avait adopté une attitude réaliste quand il disait qu'il s'agissait d'un fait accompli?

En tout cas, le conseiller Bray décida d'enfourcher plutôt le thème du métropolitain. Le 23 janvier 1936, c'est ce qu'il propose à l'Association des hommes d'affaires du nord. À cette époque, en pleine crise, la ville verse une aide financière aux chômeurs, le *secours direct*, de triste mémoire. Le conférencier juge que la construction d'un réseau souterrain réglerait ce grave problème. Il s'agirait de deux lignes, l'une allant de Montréal-Ouest jusqu'au boulevard Pie-IX, et l'autre, du centre des affaires jusqu'un peu au-delà de l'avenue du Mont-Royal.

En mettant ainsi les chômeurs à l'ouvrage, la ville économiserait 4 millions de dollars par an, et ils seraient en mesure de lui payer leurs comptes d'eau, soit 1 250 000$ annuellement; elle bénéficierait aussi de revenus additionnels au chapitre de la taxe d'affaires, 100 000$, et à celui de la taxe foncière, 400 000$. Le conseiller estimait à 8 millions de dollars l'accroissement total des retombées dont bénéficieraient les coffres municipaux, ce qui suffirait à éponger l'intérêt qu'il faudrait verser sur l'emprunt d'une somme de 125 millions de dollars nécessaire à la réalisation du grand projet et à établir une caisse d'amortissement.

1936: mille tramways à Montréal, un seul à Paris!

En 1936, à l'occasion du 75e anniversaire du transport en commun, la Compagnie des tramways commanditait une importante campagne de publicité dans les journaux à grand tirage. L'occasion était excellente pour elle de chanter ses mérites et de rappeler que le réseau avait grandi au rythme de l'épanouissement de la ville, et elle fit appel pour cela à des chiffres éloquents.

Les premières 8 voitures à traction animale de 1861 avaient fait place à un millier de tramways électriques et à 160 autobus. Aux heures de pointe, 360 voitures franchissaient, chaque heure, le carrefour Bleury/Sainte-Catherine, soit 6 à la minute, ou un à toutes les 10 secondes.

Dans les années '60, il aurait suffi de deux heures pour parcourir tout le réseau à pied. Aujourd'hui, cela exigerait 4 jours et demi, en marchant à 3 milles à l'heure, puisque les voies, placées bout à bout, représentaient une longueur totale de 319 milles.

Pour remiser, nettoyer, inspecter réparer et rénover les véhicules, la compagnie maintient des ateliers, des remises, des cours et des garages nécessaires aux autobus sur une superficie totale de 4 millions et demi de pieds carrés, soit une centaine d'acres.

Chaque jour, les véhicules de transport public parcourent une distance équivalant à plus de 3 fois le tour du globe, grâce à 5 000 employés; la masse salariale est de l'ordre de 5 millions de dollars, soit 40 pour cent des revenus perçus auprès des usagers. Chaque galon doré qui orne les manches de l'uniforme représente 5 années de bons et loyaux services.

* * *

Vers le même moment, la ville de Paris retirait les tramways de ses rues. Les citoyens s'étaient tout d'abord déplacés par omnibus grâce à un certain nombre d'entreprises particulières qui fusionnèrent en 1865. Cette année-là, au-delà de cent millions de Parisiens empruntèrent les 621 voitures à 28 places dont la circulation était assurée sur 31 lignes au moyen de plus de 7 000 chevaux. Le tramway à traction hippomobile, que l'on désignait comme le *chemin de fer américain*, avait fait son apparition l'année précédente entre la place de la Concorde et le rond-point de Boulogne-sur-Seine, mais on l'estimait trop dangereux pour en étendre la circulation aux rues de la capitale.

Mais des compagnies se formèrent et les Parisiens s'habituèrent au nouveau véhicule prisonnier de rails. La capacité des voitures fut peu à peu portée à 51 places. Avec la grande Exposition universelle de 1889 apparut le premier tramway à traction à... vapeur, que suivait un panache de fumée.

Toutes ces formules de transport allaient trouver un sérieux concurrent avec l'avènement du métropolitain, qui, après une période d'essai, fut définitivement mis en service au mois de juillet 1900 entre Neuilly et la place de la Nation. L'électrification des voies de surface fit pâlir l'étoile des autres systèmes, n'empêche que le dernier omnibus à chevaux circula jusqu'en 1913 sur la ligne La Villette/Saint-Sulpice, et le dernier tramway à traction animale fut retiré la même année de la ligne Pantin/Opéra. Fort curieusement, les tramways à vapeur assurèrent la liaison entre les portes de Vincennes et de Saint-Cloud jusqu'en 1937. Par ailleurs, les premiers autobus étaient apparus dès 1905.

Et c'est alors que la Compagnie des tramways de Montréal marquait le 75ᵉ anniversaire du transport en commun qu'à Paris, on retirait le dernier tramway du réseau urbain. En effet, le 31 août 1936, 40 minutes après minuit, le dernier tramway de la capitale quittait les rails de la ligne n° 8 et, un peu plus tard, de grands autobus tout neufs s'apprêtaient à transporter les banlieusards de Montrouge vers le centre de la ville.

Paris eut aussi ses tramways à traction chevaline: celui-ci arrive à la fontaine Saint-Michel.

Cette ligne allait de Montrouge, une importante commune jouxtant Paris, au sud, jusqu'à la gare de l'Est. Elle débutait à la porte d'Orléans et franchissait le quartier latin, frôlait le palais de justice et traversait les halles. Aussi sa clientèle était-elle disparate: étudiants, juges et avocats, maraîchers, assortis de midinettes et d'artisans. Mais les rails demeurèrent en place jusqu'au Châtelet car, la nuit, un train y roulait pour apporter aux halles les fruits et les primeurs des maraîchers. Son passage constituait une sorte de *couvre-feu* rappelant aux noctambules du boulevard Saint-Michel que le temps était venu de s'aller coucher.

Il subsistait quelques lignes de tramways en banlieue. La dernière disparut le 15 août 1938. Longue d'une dizaine de kilomètres, elle allait de Mont-Fermeil au Raincy, deux communes de Seine-et-Oise. Les banlieusards ornèrent le dernier tramway de guirlandes de fleurs et lui dirent joyeusement adieu jusqu'au moment où, à 1 h 48 du matin, il réintégra son terminus pour n'en plus repartir.

Régie des transports et communications

La situation financière de la compagnie, l'épée de Damoclès que représentait la constante menace d'un accroissement du prix des passages continuèrent de faire les manchettes. Les conseillers Bray et Schubert souhaitaient l'expropriation de l'entreprise.

Le contrat intervenu entre la compagnie et la ville stipulait que l'expropriation ne serait pas possible avant le 24 mars 1953 ou à l'expiration de toute période quinquennale subséquente à cette date en payant la valeur fixée par des arbitres plus un boni de 10 pour cent. Un avis de 6 mois devait être donné à la compagnie dans le cas de chacune de ces échéances.

Au moment de la signature du contrat, l'évaluation de l'entreprise avait été établie à 36 286 295$, mais une clause prévoyait que ce chiffre ne lierait en aucune façon les arbitres dans la détermination du prix que la ville devra verser. Celui-ci comprendra tous les privilèges, droits et franchises dans toutes les municipalités où les actifs seront situés, ce qui l'autoriserait à exploiter l'ensemble du réseau de la compagnie. Aucune municipalité ne pourrait acquérir celui-ci, ni complètement, ni en partie.

Les promoteurs de l'expropriation prétendaient que la ville de Toronto ne pouvait que se féliciter d'avoir exproprié ses voies ferrées urbaines et que Montréal, en l'imitant, réaliserait des économies considérables tout en améliorant la qualité du service.

Le 15 avril 1936, l'échevin Bray présenta au conseil municipal une résolution prévoyant l'ajout au *bill* de Montréal devant être présenté à la législature provinciale d'une clause prévoyant la municipalisation, n'importe quand après mars 1937, à 6 mois d'avis. La compagnie, expose-t-il, ne paie plus à la ville les redevances prévues; l'expropriation se traduira par une source de revenus, ce qui permettra d'alléger le fardeau des impôts.

L'échevin Adhémar Raynault s'élève contre la résolution: le conseil ne doit pas s'embarquer dans une galère en tentant de s'approprier une entreprise déficitaire. L'échevin Léon Trépanier appuie ce point de vue et cite les cas de Détroit, de New York et de Toronto où l'on n'encaisse... que des déficits. Leurs collègues Monette, Biggar et Savignac interviennent dans le même sens. Résultat. la résolution fut battue par 22 voies contre 3.

En 1937, c'est M. Adhémar Raynault qui occupe le siège du maire, et on parle encore de la charte de la ville. Il a été proposé que la révision du contrat liant la ville à la Compagnie des tramways soit confiée à une commission composée d'un juge et d'un représentant de chacune des deux parties. Les avocats ont suggéré de ne pas recourir à cette formule: c'est à la ville qu'il appartient de s'en charger. Par ailleurs, on s'entend, vu l'avènement des trolleybus, pour modifier la terminologie dans la clause du contrat prévoyant que la compagnie doit payer la moitié du coût de l'enlèvement de la neige dans les rues qu'empruntent les tramways et les autobus. On aura plutôt recours au mot "véhicules".

Quand le *bill* de Montréal est soumis à Québec, le premier ministre Duplessis juge inacceptable que la compagnie doive 1 500 000$ à la ville. "Je lui recommande de payer cela cette année, remarque-t-il; sinon, mon conseil deviendra un ordre!" Peu avant la fin de mai, un acompte de 250 000$ a été versé. Quant à la clause ayant trait à la révision du contrat, elle est tout simplement biffée. Le premier ministre annonce que sera créée la Commission des Tramways composée de 3 membres nommés l'un par Québec et les autres par les deux parties. Elle aura pour tâche de "diagnostiquer le mal et d'examiner au stéthoscope chacun des battements de la compagnie," précise-t-il, et devra faire rapport à la session suivante.

"La compagnie paie 6 à 7 pour cent d'intérêt, explique-t-il. Elle est à son tour contrôlée par la *United Securities,* un holding qui se paie aussi un intérêt de 2 pour cent, et ce holding est lui-même contrôlé par la compagnie *Montreal Light, Heat and Power*. Ainsi, on a superposé des compagnies sur le dos de la ville et des contribuables. Les régimes Gouin et Taschereau n'ont rien fait pour rétablir l'équité. Et si, après enquête, la compagnie ne veut pas conclure un arrangement raisonnable avec la ville, nous y verrons nous-mêmes."

En fait, c'est seulement 2 ans plus tard que le projet de législation mentionné plus haut prit forme. Le 26 avril 1939, en effet, le gouvernement provincial déposait un projet de loi abolissant la Commission des tramways de Montréal et la Commission des services publics, les remplaçant par la Régie provinciale des transports et communications, un organisme dont l'autorité s'étendait à de nombreux domaines: transmission de messages télégraphiques ou téléphoniques, transport de voyageurs ou de marchandises par route, chemin de fer, tramway ou navire, production, transmission et distribution de gaz, de vapeur d'eau, de chaleur, de lumière ou de force motrice produites autrement que par l'électricité, etc. Un article prévoyait qu'à la requête de toute partie intéressée, la régie peut annuler ou modifier tout contrat ou règlement relatif à une entreprise, si la requérante établit que les conditions de ce contrat ou de ce règlement sont abusives".

Le 5 mai, les membres de la régie étaient assermentés: président, Me J.-A. Beaulieu, professeur à la Faculté de Droit de l'Université de Montréal; autres membres, MM. W.S. Lea, ingénieur conseil, Omer Côté, avocat et conseiller municipal de Montréal, J.-A. Bernier, président de l'Association catholique des voyageurs de commerce, Jules Archambault, ingénieur.

La guerre: prospérité et grève

Bien que la municipalisation fût dans l'air, et que l'autobus connût une popularité croissante, les ingénieurs ne renonçaient pas à l'amélioration des voitures circulant sur rails. En 1928, on avait mis en service, à titre expérimental, un tramway articulé, c'est à dire formé de 2 unités reliées au moyen d'un soufflet, mais l'expérience ne s'était pas avérée satisfaisante.

En 1936, 25 des plus importantes compagnies de tramways de l'Amérique du Nord, dont celle de Montréal, investissaient conjointement la somme de 500 000$ pour la conception d'une voiture moderne, légère, à roulement doux et silencieux, capable de maintenir un service rapide grâce à sa puissance d'accélération et à l'efficacité de son freinage. On construisit une usine à cet effet, à Brooklyn, et les ingénieurs se mirent au travail. Le futur tramway serait désigné par les lettres P.C.C. pour *Presidents' Conference Committee*. Huit ans plus tard, 18 exemplaires de ce nouveau modèle devaient être mis en service à Montréal. Nous y reviendrons plus loin.

En 1942, les tramways de la rue Ontario n'allaient pas plus loin vers l'ouest qu'à la rue de Bleury. Afin d'assurer un meilleur service, on construisit une boucle qui permettait aux véhicules de revenir rue Ontario par les rues Aylmer et City Councillors. Soulignons que cette dernière rue et la rue Mayor furent tracées lors du lotissement, en 1833, d'une terre appartenant au Dr Benjamin Berthelet: on voulait ainsi marquer la première réunion du nouveau conseil municipal tenue le 5 juin de cette année-là.

En cette même année (1942), on décide de peindre en rouge sombre un monotram du circuit n° 14 Guy-Beaver Hall. Tous les véhicules de ce type étaient de couleur crème avec filets décoratifs rouge sombre, et il fallait les retirer du service 8 jours par année pour les repeindre, alors qu'à Toronto, on ne rafraîchissait la toilette extérieure des véhicules peints en rouge sombre qu'une fois tous les 3 ans. On espérait en faire autant à Montréal, compte tenu de ce que les restrictions de guerre rendaient problématiques les approvisionnements de peinture. Si les citoyens n'approuvaient pas la nouvelle toilette, disait-on, on ne l'adopterait pas. Ils ne l'apprécièrent pas. Si tous les tramways avaient été de même teinte, les usagers n'auraient pu distinguer les mototrams des autres à 2 employés, qui étaient de couleur verte, et n'auraient pu savoir où se placer pour y monter, la porte étant en avant dans le premier cas et en arrière dans le deuxième.

La Deuxième Guerre mondiale apporta une clientèle accrue au transport en commun, mais avec un cortège de problèmes. Ainsi, depuis son début, un million de passagers empruntaient tramways et autobus. De 1939 à 1942, leur nombre était passé de 208 928 429 à 319 398 324, un accroissement de l'ordre de 56 pour cent. Impossible d'augmenter le nombre des véhicules en service, car le gouvernement des États-Unis n'en permettait pas la production, et il devenait de plus en plus difficile de s'approvisionner de pièces nécessaires à l'entretien. "Nous transportons 300 000 voyageurs de plus chaque jour qu'en 1939, disait la compagnie. Pendant la même période, le nombre de nos tramways est passé de 942 à 989, et celui de nos autobus, de 215 à 318, mais c'est insuffisant. Aux heures de pointe, tous les véhicules sont en service sauf 5 pour cent, soit le nombre moyen de ceux qui sont aux ateliers de réparation."

Les heures de travail avaient été décalées, tout d'abord dans les industries de guerre, puis dans les grands magasins, les banques, les maisons de courtage, etc. Montréal, rappelaient les responsables du transport en commun, se déploie autour d'une montagne. Les rues n'y sont pas disposées en damier comme à New York ou à Toronto. Et il y a toutes ces côtes qui ralentissent le service, rues Guy, Saint-Denis, Saint-Laurent, Papineau... Aux heures de pointe, les véhicules se déplacent à un rythme de 3 à 10 milles à l'heure. À cela s'ajoutent les problèmes de l'hiver et l'encombrement de la voie publique. Le 19 janvier 1943, les tramways ont enregistré un total de 66 délais variant de 4 à 32 minutes. Toutes les autos devraient être munies de chaînes.

Le réseau emploie 3 000 hommes; or, 970 ont été embauchés depuis le début de la guerre, un roulement exceptionnel dû à tous les départs pour les forces armées et autres rôles essentiels à l'effort de guerre.

En février 1943 les banquettes transversales disparaissent dans 200 tramways qui sont mis en service aux heures de pointe. Chaque voiture pourra ainsi prendre plus de passagers. Et quand on pense, écrivait Émile Benoist dans Le Devoir, "qu'autrefois, dans les premiers temps du contrat conclu par le gouvernement de sir Lomer Gouin au nom de la ville de Montréal avec la Compagnie du tramway, il était dit que chaque voyageur aurait droit à une place assise!"

Lorsque le prototype du P.C.C. mentionné plus haut eut été examiné par la Compagnie des tramways de Montreal, elle en commanda 18 exemplaires à la Canadian Car & Foundry Co. Ltd. C'était le tout dernier cri en fait de transport en commun sur rail: profil aérodynamique, doubles portes en avant et au centre, banquettes transversales pour 2 passagers d'un côté et simples de l'autre, afin de rendre le déplacement des usagers plus facile. Le 22 mars 1944, le maire Adhémar Raynault et le président R.N. Watt en faisaient l'essai, avec départ de la place d'Armes et arrivée à l'hôtel de ville après le parcours de quelques rues. Les P.C.C. furent les derniers tramways achetés par la compagnie avant la fin du transport en commun sur voie ferrée. C'est d'ailleurs l'un de ces véhicules, le n° 3517, qui ferma le dernier défilé de tramways dans les rues de la ville, le 30 août 1959.

À la mi-avril 1944, la compagnie invite les membres de la Chambre de commerce des jeunes à visiter, rue Charlevoix, un nouveau garage d'une superficie de 44 900 pieds carrés

(4 171 m^2) pouvant abriter 80 autobus. La compagnie possède maintenant 348 véhicules de cette nature, et la plupart des 450 invités en viennent à la conclusion que la meilleure formule de transport en commun résulte d'un système bien intégré combinant le recours à l'autobus et au tramway. Sans doute ont-ils été impressionnés par le confort du P.C.C., car c'est en des voitures de ce tout dernier modèle qu'on les a ensuite conduits aux grandes usines Youville. Là, on leur expose que, contrairement au sentiment général qui s'était manifesté lors de l'avènement de l'autobus, le tramway demeure le moyen de transport le plus approprié aux villes de plus de 500 000 habitants: il est de fonctionnement plus économique dans les quartiers densément peuplés, il occupe moins d'espace par passager dans les rues que l'autobus et assure un service plus efficace en saison hivernale.

Le président Watt assure que Montréal possède 50 pour cent plus de tramways modernes que toute autre ville du continent, sauf Washington. C'est le conseiller juridique de la jeune Chambre, Me Daniel Johnson, qui remercie la compagnie de son accueil, et il en profite pour réclamer un système de transport plus adéquat à l'intention des étudiants qui fréquentent l'Université de Montréal, à la montagne.

Cette même année (1944) survient une grève; ce n'est pas la première à perturber les déplacements des citoyens, mais on est en temps de guerre et les usines tournent à plein rendement. Il se forme aussitôt un Comité de transport des citoyens, à l'initiative de la Chambre de commerce, du *Board of Trade*, des Chambres de commerce des jeunes, francophone et anglophone, de la section locale de l'Association des manufacturiers canadiens et autres groupements.

Le 9 août, le comité exécutif de la ville décide de demander énergiquement aux gouvernements fédéral et provincial de faire respecter les lois et les contrats et de remettre en route le transport en commun. Le Comité de transport des citoyens mène une vigoureuse campagne par les journaux et la radio afin d'inciter les citoyens à exiger auprès du premier ministre Mackenzie King et du ministre de la Justice Louis Saint-Laurent le règlement immédiat du conflit.

Sans ses moyens de transport, représente-t-on, Montréal est une prison. Certaines usines ont recours à des camions pour cueillir les ouvriers, mais un accident en tue quelques-uns: ce sont des victimes de la grève, clame-t-on. L'Association des manufacturiers demande que l'on protège les employés prêts à reprendre le travail, que le litige soit soumis à un tribunal compétent, que le gouvernement fédéral, en vertu de la loi des mesures de guerre ordonne le retour au travail par arrêté ministériel et que si ces mesures ne suffisent pas, que les soldats soient chargés de conduire tramways et autobus. L'unité du Québec de la Légion canadienne va plus loin. Plus de 500 grévistes ont obtenu des sursis quant au service militaire obligatoire vu leur emploi dans un service public essentiel: qu'on annule ces sursis et que leurs détenteurs soient appelés sous les armes!

S'effacer devant le progrès

En 1938, on se demandait quel serait l'avenir du tramway. Certains jugeaient inéluctable qu'il s'effaçât devant le progrès.

Pour sa part, Louis Dupire, du *Devoir*, estimait que le déficit de la Compagnie des tramways soulignait une fois de plus les difficultés financières qu'éprouvaient les chemins de fer électriques dans les grandes villes. "On incline de plus en plus à croire, écrivait-il, que l'autobus devra éventuellement remplacer le tramway. Non seulement il est plus souple en sa marche que le dernier, non seulement il est plus rapide, mais il coûte aussi moins cher, puisqu'il ne suppose pas la mise de fonds considérable de la pose et de l'entretien des voies. Du reste, la tendance générale dans toutes les grandes villes est à la suppression de la voiture électrique sur rails."

L'éditorialiste constatait que tel n'avait pas été le cas à Montréal, où la société qui exploite le transport en commun ne s'est conformée qu'en rechignant à la préférence du public. Selon lui, cela résulte des liens qui existent entre elle et la *Shawinigan Water and Power Company*, car elle est grosse consommatrice de courant électrique.

Selon Louis Dupire, c'est pour tenter de trouver une solution au problème que la société "a fini par trouver l'électrobus". Si ce véhicule donne satisfaction, écrit-il, qu'on donne au public l'occasion d'en juger. Dans l'affirmative, le nouveau véhicule pourrait remplacer à la fois le tramway électrique et l'autobus à essence; il assurerait souplesse et rapidité sans dégager d'odeur ni de gaz délétères, en plus de démarrer sans bruit. Il ne resterait que l'inconvénient des poteaux portant les fils aériens. Il faut prendre une décision: sur un total de 38 chemins de fer électriques, il y en a 26 qui accusent des déficits, et 3 des autres ont des revenus qui proviennent de sources autres que le transport en commun, et si

le déficit des tramways de Toronto a été couvert pendant les
années de crise qui ont précédé 1936, c'est qu'on a tiré sur les
réserves accumulées. "Cela tient, explique l'éditorialiste, au fait
que ce tramway-là est administré par une commission municipale
et que les profits des bonnes années ont servi à constituer
d'importants fonds de secours, puisqu'ils n'ont pas à être
distribués à des actionnaires, comme c'est le cas chez nous."

Les protagonistes de l'autobus avançaient que la valeur des
propriétés s'accroissait dès qu'on lui faisait appel pour remplacer
le tramway. Un conférencier venu d'outre-quarante-cinquième et
originaire de Poughkeepsie, en toute proche banlieue de New
York, a assuré que, dans sa ville, les récriminations contre le
transport en commun ont cessé dès l'avènement des autobus,
même si les tarifs avaient été augmentés. Et, ajouta-t-il, lorsque
les tramways ont disparu de l'avenue Madison, dans la métropole
américaine, une hausse sensible de la valeur immobilière s'est
manifestée. "Votre rue Sherbrooke, remarqua-t-il, est ce qu'elle
est parce qu'on n'y entend pas le vacarme du tramway."

En cette année 1938, il existait déjà des circuits d'autobus, mais
pas depuis le centre de la ville. L'un d'eux venait de remplacer
les tramways, rue Notre-Dame, avec le Bout-de-l'Île pour
destination. Un autre allait de l'angle des chemins Reine-Marie et
de la Côte-des-Neiges jusqu'à la gare Jean-Talon, que l'on
désignait alors sous l'appellation d'Avenue-du-Parc, et on lui
reconnaissait un rôle important dans le développement de Ville
Mont-Royal. Une ligne débutant à l'angle des avenues Claremont
et Westmount et atteignant l'extrémité nord de Notre-Dame-de-
Grâce amenait au réseau urbain une intéressante clientèle. On en
disait autant d'une autre qui, rue Sherbrooke, atteignait le
boulevard Pie-IX et le Jardin botanique, et d'une troisième placée
à la disposition des citoyens de Hampstead.

Déjà, en 1939, des districts périphériques étaient reliés par
autobus au centre ville et on accédait à certains autres par le

prolongement des lignes. Ainsi, on annonçait pour la fin de novembre l'inauguration d'un service d'autobus depuis l'angle des rues Bélanger et Iberville jusqu'à Ville Saint-Michel; jusque là, c'était d'inconfortables tramways "de type Toonerville" qui desservaient cette ligne, et le moment était venu de remplacer les rails; les moins jeunes se souviendront du légendaire tram de Toonerville que caricaturait une populaire bande dessinée. La semaine précédente, semblable substitution s'était effectuée, boulevard Pie-IX, entre les rues Notre-Dame et Beaubien, et on en avait profité pour prolonger le service jusqu'à la rue Bélanger. La population de Lachine bénéficiait aussi du confort des autobus, au départ de Montréal-Ouest.

Mais il ne faut pas croire que le tramway avait été abandonné en fonction des projets en voie d'étude. Au cours de 1940, par exemple, la compagnie ajouta à son matériel roulant pas moins de 100 tramways contre 58 autobus. C'est que l'on se trouvait en guerre et qu'il en était résulté un redémarrage de l'économie qui activait les affaires et se traduisait par une clientèle accrue.

Ainsi, en juillet 1941, la compagnie avait véhiculé 20 001 474 passagers comparativement à 16 733 210 au cours du même mois de l'année précédente, soit une augmentation de 19,53 pour cent. Et puis, les autorités gouvernementales avaient lancé une campagne pour inviter les citoyens à économiser l'essence; on devait éventuellement la rationner. Mais la compagnie attachait peu d'importance à ce facteur. Si la moitié des automobilistes remisaient en même temps leur voiture, disait-elle, on ne s'en apercevrait pas beaucoup dans le domaine du transport en commun. On estime, notait-elle, que 70 000 autos sont enregistrées à Montréal, dont environ 50 000 circulent dans les rues pendant le jour. Or, les relevés démontrent que chaque voiture transporte en moyenne 1,6 passagers, ce qui représenterait en principe 80 000 usagers additionnels, mais en fait seulement 40 000, si la moitié des voitures se trouvaient retirées des rues, et encore, ils n'auraient pas tous recours au réseau. Donc, ils ne représenteraient qu'une infime proportion par rapport au nombre des passagers qui empruntent tramways et autobus aux heures de pointe.

Cependant, un tel retrait des autos se refléterait de façon importante sur la qualité du service, représentait la compagnie. Ainsi, l'addition de 100 tramways sur des circuits qui empruntent des artères dont les voitures stationnées occupent la moitié de la largeur exige beaucoup de planification, ce qui devrait retenir l'attention car une importante proportion des 20 millions d'usagers qui se déplacent mensuellement dans tramways et autobus participent activement à l'effort de guerre.

"Spécimen de capitalisme pernicieux"

On a vu qu'une commission avait été formée pour examiner les rouages et l'administration de la Compagnie des tramways. Le conseil municipal jugea sans doute qu'elle mettait trop de temps à s'acquitter de son mandat.

Depuis le début de la guerre, en 1939, jusqu'à et y compris l'année 1941, les revenus bruts de l'entreprise s'étaient accrus en même temps que le nombre de ses usagers, qui était passé de 208 928 429 à 263 571 788, soit une augmentation de plus de 25 pour cent. Par ailleurs, elle devait encore bien au-delà de 2 millions de dollars à la ville.

Lorsqu'au début de mai 1942, à la faveur de l'examen du *bill* de Montréal, à Québec, on en arriva à une clause par laquelle la ville demandait à la compagnie de lui faire rapport de toutes les recettes brutes qu'elle percevait et de la façon qu'elle les employait, le comité chargé de l'examen des projets de loi privés souligna que l'on ne pouvait imposer à la compagnie deux examens parallèles de ses opérations. De plus, les édiles souhaitaient que la ville fût autorisée à consulter tous les livres, registres, états financiers, bilans, etc., depuis la date à laquelle l'entreprise avait fait l'acquisition de la *Montreal Street Company*, de la *Montreal Park & Island Railway Company* et de la *Montreal Terminal Railway Company*. Enfin, ils demandaient que la compagnie fût appelée à verser à la ville la moitié du coût de l'enlèvement de la neige dans les rues où ses véhicules étaient en service.

Le représentant de la compagnie, Me Arthur Vallée, exprima l'avis que cette dernière demande exigerait une modification à une entente découlant du contrat passé en 1918, lequel n'avait jamais été amendé, que la ville entraverait le travail de la commission qui, sous la présidence du sénateur Élie Beauregard, était chargée d'examiner le fonctionnement de la compagnie, et qu'elle ne saurait espérer recouvrer les sommes qui lui étaient dues si celle-ci se voyait dans l'obligation d'assumer de nouvelles taxes au montant de 300 000$. Il ajouta que l'enlèvement de la neige sur toute la largeur des rues était devenu nécessaire non à cause des véhicules de la compagnie, mais bien de l'accroissement du nombre des automobiles. Auparavant, il lui suffisait de repousser la neige de chaque côté des voies; en fait, elle devrait même être relevée de l'obligation de verser à la ville le paiement annuel de 250 000$ qui lui est déjà imposé.

Lorsque le maire Raynault insista pour l'obtention du droit d'examiner les livres comptables de l'entreprise, Me Hector Perrier lui rappela qu'une commission d'enquête en était déjà chargée. Le président du comité exécutif de la ville, M. J.-O. Asselin, admit qu'il avait été fort étonné de ce qu'une telle clause ait été votée par le conseil municipal.

En début d'année, la revue *Relations*, publiée par les Jésuites (numéro de janvier 1942) analyse le cheminement financier de la compagnie depuis 1910 et se montre très critique à son endroit.

En 1910, expose-t-elle, c'est la *Montreal Street Railway* et ses subsidiaires qui assurent le transport en commun. La même année, ses administrateurs obtiennent à Londres une charte sous le nom de *Montreal Tramway and Power Co. Ltd.* C'est à vrai dire une société dont le but est de retenir la majorité du capital-actions de la future *Montreal Tramways Co.* et d'exploiter à son profit le transport en commun.

Vers 1925, ces meneurs de jeu son supplantés par un autre syndicat, *United Securities, Ltd.*, qui a en mains 54,66 pour cent du capital-actions et entreprend de gérer la compagnie pour le bénéfice de la *Shawinigan Water and Power Co.* et de la *Montreal Light, Heat and Power Cons.* Ils sont d'ailleurs toujours en place, en 1942, maintenus par des obligataires qu'ils ont failli à rembourser, malgré qu'il n'existe aucune équité ou valeur réelle pour le capital-actions. "Une entreprise ordinaire, écrit *Relations*, aurait liquidé ces administrateurs."

En 1911, la *Montreal Street Railway* ne pouvant, à cause d'une clause de sa charte, passer aux mains d'une compagnie oeuvrant dans le même domaine, la législature abolit cette restriction. La vente survint peu après, en octobre de la même année: ce sont les mêmes personnes qui y figurent comme vendeurs et acheteurs, et c'est ainsi que la même entreprise, sans accroissement d'actif réel, s'en sort sous un nouveau nom avec "une capitalisation gonflée de 18 445 00$" qui fut portée surtout au poste des "chemins, terrains et roulant".

En 1918, le contrat intervenu entre la compagnie et la ville était renouvelé, 4 ans avant son échéance, et pour une période de 36 ans, la première des deux parties étant placée sous l'autorité d'une commission. Au chapitre des revenus proprement dits, la ville n'aurait plus désormais qu'un montant de 500 000$, sans droit de regard sur la comptabilité, et encore cette redevance ne serait-elle versée qu'après un intérêt de 6 pour cent calculé sur le capital d'exploitation. On s'étonne de ce que le capital investi ne soit pas le seul à motiver une rémunération raisonnable, surtout qu'il s'agit d'un service d'utilité publique; la tentation d'accroître indûment le capital d'exploitation est grande. Or, les terrains décuplèrent parfois de valeur; des caisses de tramways démodés dont plus d'une centaine n'avaient même plus de roues furent estimées à près de 90 pour cent de leur valeur de remplacement, etc. Résultat: la valeur de l'entreprise fut établie à 33 025 480$, et sa valeur de remplacement, à 37 321 065$.

Dès la même année, la compagnie ne réussissant pas à verser l'intérêt de 6 pour cent calculé sur le capital d'exploitation obtenait l'élévation de ses tarifs.

En 1941 survenait l'échéance des obligations émises en 1911. La compagnie, explique *Relations*, a toujours versé à ses actionnaires les dividendes prévus, mais n'a constitué aucune réserve pour la dépréciation de son matériel roulant; toutes les voitures acquises avant 1918 figurent au bilan à 118,89 pour cent de leur valeur de remplacement; en 1930, elle avait créé dans sa comptabilité un poste intitulé "prêts à demande", comme si elle avait joui d'une charte bancaire. Or, cette même année, elle lançait une émission d'obligations pour 5 millions de dollars, une partie du fruit de cet appel de capitaux devant être portée à cette rubrique.

La revue s'inquiétait aussi du fonds de pension auquel les employés avaient contribué et qui était formé d'obligations et d'actions de la compagnie dans une proportion supérieure à 80 pour cent: n'était-il pas reçu en fidéicommis? se demandait-elle. "Et, pendant que pour ses obligations la compagnie n'assurait aucun fonds d'amortissement, elle payait régulièrement l'intérêt sur 16 000 000$ de débentures (remplacées plus tard par des obligations d'hypothèque générale), sans mise de fonds équivalente, et des dividendes de 2 000 000$ de capital-actions."

Et *Relations* remarquait pour conclure qu'une gestion de ce style était un spécimen parfait de capitalisme pernicieux. "De pareils chancres dans une société appauvrissent les masses, faussent les notions de la plus simple justice et précipitent cette société à la ruine."

La fin d'un autre rêve grandiose

Le mont Royal, qui créait tant de problèmes au transport en commun parce qu'il fallait constamment le contourner, constituait tout de même l'un des principaux attraits de la ville et offrait aux citadins l'occasion de refaire leur plein d'oxygène en un parc que les autorités municipales avaient été autorisées à exproprier en 1869. C'était une excellente initiative car les défunts y trouvaient un dernier repos depuis 1850 et 1853, protestants et catholiques y ayant acquis de grands espaces ces années-là, respectivement, pour y établir des nécropoles, et celles-ci auraient pu s'étendre en un site a nul autre pareil.

Plus tard, un funiculaire et l'avènement du tramway électrique devaient faciliter aux Montréalais l'accès à cette oasis de verdure.

Mais les projets à l'égard de la montagne n'ont jamais manqué. En 1924, un ancien journaliste oeuvrant maintenant dans le domaine des affaires saisissait la Commission des tramways de Montréal et le conseil municipal d'une initiative qui, disait-il, avait trouvé des bailleurs de fonds. Tancrède Marsil avait fondé *L'Autorité*, en 1913, puis l'avait cédée l'année suivante à Gaston Maillet, le père des frères Roland et Roger Maillet, futurs grands patrons du *Petit Journal*. Peut-être n'avait-il pas d'autre choix, car on lui reprochait de publier une feuille plutôt iconoclaste. L'année suivante, il avait lancé *Le Réveil*, un journal de combat qui s'éteignit en mars 1917, après avoir dénoncé la conscription et la politique militaire du gouvernement et avoir prôné le passage du Canada à un régime républicain. A-t-il été censuré? Qu'à cela ne tienne: il édite aussitôt un petit quotidien du matin, *La Liberté*, qui s'inscrit dans le sillage des précédents.

Dix ans plus tard, Marsil, toujours nationaliste, a mis en veilleuse sa plume acérée et se fait promoteur. Les financiers qu'il dit représenter songent à la construction, sur le sommet de la montagne qui domine l'avenue du Parc, d'un hôtel luxueux qui n'aurait rien à céder aux plus beaux palaces de l'Amérique, et dont la caractéristique serait de posséder une tour haute de 500 à 700 pieds (152 à 213 mètres), couronnée par des projecteurs.

Tous les matériaux, granit, marbre, pierre, etc., proviendront du Québec et seront façonnés par nos ouvriers. De même, on aura recours à nos artistes et à nos artisans pour les sculptures, peintures et travaux de céramique nécessaires au décor. Ne sera importé que ce que l'on ne peut trouver sur place, promet Marsil.

Et pour accéder à l'hôtel, on construira une voie double pour tramways, débutant avenue du Mont-Royal, et qui aboutira à une gare-véranda suffisamment grande pour contenir 8 000 personnes debout! La voie conduira également au circuit du chemin Shakespeare, qui assure déjà un service sur le versant ouest de la montagne à partir du chemin de la Côte-des-Neiges. La conception du grand bâtiment et sa tour fera l'objet d'un grand concours auquel architectes et paysagistes seront invités à participer.

Mais les promoteurs sollicitent un bail emphytéotique d'une durée de 99 ans, en échange duquel la ville pourra se porter acquéreur de l'ensemble, à des intervalles de 30 ans, en payant 15 pour cent de plus que le coût initial; ils souhaitent bénéficier aussi d'une exemption de taxe pendant 25 ans en ce qui a trait au terrain et aux constructions.

Un autre beau-rêve qui n'alla jamais plus loin que son dossier de base.

Nous avons dit que Tancrède Marsil était nationaliste. Il fut longtemps dépositaire des cendres du patriote Jean-Olivier Chénier, mort à Saint-Eustache en décembre 1837. Il confia même la garde de l'urne qui les contenait à une grande maison de joailliers, mais s'offusqua quand on voulut lui demander le versement d'un loyer. Plus tard, les cendres trouvèrent une place convenable au Monument National, alors que la Société Saint-Jean-Baptiste y avait ses quartiers et le notaire Alphonse de La Rochelle son bureau, en qualité de chef de secrétariat.

En 1987, les cendres de Chénier furent portées au cimetière de Saint-Eustache, un siècle et demi après que l'Église eût refusé l'inhumation des restes du patriote en terre bénite. L'urne avait été conservée jusque là dans les bureaux de la Société Saint-Jean-Baptiste, rue Sherbrooke. Pour l'anecdote.

Tramways à étage et système de dépannage

En 1945 disparaît la Commission des tramways de Montreal, que présidait Me Victor Cusson, ci-devant juge de la Cour des sessions, successeur de Me J.-F. Saint-Cyr. Elle était remplacée par la Régie des tramways de Montreal, dont Me Cusson devenait le premier président. Seule la Cour du banc du roi sera habilitée à entendre les appels qui pourront être logés à l'encontre des décisions de la régie.

Pendant ce temps, la Compagnie des tramways poursuit des études sur la faisabilité d'un éventuel réseau souterrain et en novembre 1945, elle édite une brochure de 26 pages comportant 21 gravures et intitulée: "Rapport sur un projet de Métropolitain pour Montréal". Une ligne sud-nord jusqu'à la rue Jean-Talon, sous la rue Saint-Laurent, et une ligne est-ouest longeant la rue Sainte-Catherine entre les rues Amherst et Atwater exigeraient des investissements de 37 949 000$ et de 22 866 000$ respectivement.

Mais l'avènement d'un métro ne sonnera pas pour autant le glas des tramways, estime-t-on, et l'on s'emploie concurremment à la recherche d'innovations pour améliorer leur rendement. Ainsi, en 1947, on étudie la mise en service de voitures à 2 étages, auxquelles ont recours des villes moins importantes que Montréal, telles celles de Belfast et de Liverpool, et le président Cusson déclare que si les autorités municipales le souhaitent, la régie accordera beaucoup d'attention à sa requête.

La formule, cependant, est loin de rallier tous les suffrages. Parce que le centre de gravité de telles voitures est élevé, il y a risque qu'elles se renversent dans les courbes. Comme les rails sont glissants en hiver et que plusieurs côtes sont prononcées, les risques d'accidents seraient accrus. L'étroitesse de l'escalier conduisant au compartiment supérieur est souvent source de chutes, surtout pendant la saison froide au cours de laquelle les usagers portent d'épais vêtements et d'encombrantes chaussures. Les claustrophobes se plaignent des plafonds trop bas. Enfin, il faudrait modifier beaucoup de viaducs. L'attrait nouveau de la suggestion ne survécut pas longtemps à l'énumération des objections.

En 1947, la Compagnie des tramways mettait sur pied un système d'intervention par radio afin de diminuer la durée des retards découlant d'accidents et autres facteurs. Si, par exemple, un tramway était retardé de 10 minutes, il fallait 2 heures aux inspecteurs pour rétablir le service normal, et ils n'y parvenaient souvent qu'en faisant descendre des passagers pour que leur véhicule profite d'aiguillages pour retourner au point de départ du circuit avant d'en atteindre la destination.

Rue Côté, une centrale d'urgence recevait les appels d'assistance et les transmettait à 4 automobiles équipées de postes récepteurs et émetteurs et dont les conducteurs, après s'être concertés, décidaient lequel d'entre eux s'empresserait vers le lieu du problème. De là, toujours par radio, le préposé pouvait communiquer avec 14 camions: 7 d'entre eux montés par une équipe chargée des réparations mécaniques, et les autres par des techniciens spécialement formés pour l'entretien des circuits électriques.

Municipalisation ou contrôle de l'administration?

Les levées de boucliers contre la Compagnie des tramways faisaient boule de neige et ne pouvaient qu'aboutir à la municipalisation du système.

En janvier 1948, on révélait que le réseau n'avait acheté que 18 tramways neufs au cours des 18 années précédentes et les avait tous mis en service sur la ligne n° 29 (Outremont), de sorte que le matériel roulant ne constituait rien d'autre qu'un musée mobile. Les 8 séries de véhicules allant de la 700 à la 1400 dataient d'avant 1918, et depuis lors, 50 tramways usagés avaient été achetés de villes des États-Unis. Pourtant, la compagnie avait versé au gouvernement fédéral, de 1943 à 1947 inclusivement, 4 310 843$ en impôt sur le revenu et sur les excédents de bénéfices.

Le même mois, M. Archambault Désy, maire de Montréal-Nord et membre de la Commission métropolitaine, se présentait devant la Commission des tramways, recommandait la remise à au moins un mois de toute décision de hausser le coût du passage et posait de nombreuses questions sur l'administration de la compagnie, notamment sur la répartition des tramways neufs et usagés. Les plus modernes desservaient Outremont, alors que les 50 achetés d'occasion roulaient rues Papineau, Delorimier et Frontenac. Pourtant, avançait-il, tous les usagers payent le même tarif! Puis il prenait les intérêts de ses commettants, disant que l'on ne devrait imposer aucun accroissement du coût des tickets entre les limites de Montréal et celles de Montréal-Nord, car, depuis 23 ans, cette dernière municipalité réclamait un lien direct par le boulevard Pie-IX. En 1946, Montréal-Nord avait obtenu un permis pour une compagnie d'autobus. Pour aller jusqu'au grand magasin Dupuis Frères, rue Sainte-Catherine, il en coûtait 12 cents par le tramway, ce qui exigeait 1 heure et 25 minutes; par autobus: 13 cents, mais le trajet s'effectuait en 25 minutes. Le maire prônait donc l'établissement par la Compagnie des tramways d'un service d'autobus, ajoutant qu'à Toronto, 87,4 pour cent des citoyens habitaient dans un rayon de 1 000 pieds d'un service de transport en commun, et 99,6 pour cent à moins de 2 000 pieds.

Toujours en janvier (1948), le maire Houde et M. Asselin, président du comité exécutif, affirmaient que si la ville contrôlait le transport en commun, il ne serait pas nécessaire d'accroître le coût du passage. "Je suis sûr que la population de Montréal et celle des municipalités desservies par la compagnie, écrivait le maire au premier ministre Duplessis, vous garderaient une très vive gratitude si votre gouvernement posait le geste de municipaliser le réseau. Tout comme vous, je suis en faveur de l'entreprise privée, mais les empiétements constants d'un monopole abusif ne peuvent être mis longtemps en équilibre avec le droit au bien-être et à l'équité de toute une population, même au nom de l'entreprise privée. Ce serait plutôt donner raison aux étatiseurs que de laisser subsister l'état de choses actuel." C'était le 22 janvier. Certains affirmaient que la compagnie disposait de toutes sortes de réserves qui se chiffraient à plus de 20 millions de dollars, dans lesquelles elle pourrait puiser pour faire échec à la tentation d'accroître ses tarifs.

Dès le 27 janvier, le premier ministre présentait un projet de loi pour l'institution d'un comité de 3 arbitres chargé d'entendre l'appel de toute décision de la Commission des tramways à l'effet d'augmenter le coût des tickets. Il ferait rapport au conseil des ministres "en vue d'un règlement approprié, juste et définitif de cette question". Le chef de l'opposition, M. Adélard Godbout, ne dénonçait pas le contrat intervenu en 1918, mais reconnaissait volontiers que la situation avait évolué.

Une épée de Damoclès menaçait la compagnie. La meilleure façon de prendre le contrôle de sa politique d'administration, disait M. Asselin, passait par celui des actions communes, "ce qui nous permettrait de nommer nos propres directeurs". La province, par l'entremise de l'Hydro-Québec, possédait 27 pour cent de ces parts, et la *Shawinigan Water & Power Co.*, 27,16 pour cent. M. Asselin avait parlé au président de celle-ci, qui s'était montré sympathique à l'idée de ne pas attendre l'expiration du contrat, en 1953, pour en effectuer la révision. Avec 54,6 pour cent des actions communes, il ne serait pas difficile d'y arriver.

D'ailleurs, certains conseillers jugeaient que la municipalisation n'était pas nécessaire. C'était par exemple l'opinion qu'exprimait l'un d'eux, M. Raoul-D. Gadbois, représentant de la Chambre de commerce des jeunes. Il suggérait que le contrat ne soit même pas renouvelé en 1953, mais que la ville crée son propre service de transport au moyen d'autobus. "Au lieu d'investir de 50 à 60 millions de dollars pour acheter la compagnie, qui ne possède que 1 500 véhicules usagés, achetons 1 800 autobus à 20 000$ pièce: 36 000 000$. Érigeons un édifice moderne pour loger l'administration: 1 000 000$. Construisons certains circuits d'une longueur totale de 400 milles pour trolleybus: 6 000 000$. Exproprions les terrains nécessaires à l'aménagement de terminus: 3 000 000$. Nous aurons investi 46 000 000$ pour doter la métropole d'un réseau de transport en commun digne de sa population, tout en économisant une dizaine de millions de dollars."

Le 30 janvier (1948), le bill du tramway était adopté en 3e lecture, avec un amendement proposé par les députés André Laurendeau (Montréal-Laurier) et René Chaloult (Québec-Comté) à l'effet que l'examen proposé de l'administration de la compagnie ne remonte pas qu'à 1918, mais à 1911.

Le premier ministre Duplessis répondit alors à la lettre du maire Houde, reconnaissant qu'un tel examen s'avérait indispensable "afin que la municipalisation, s'il y a lieu, se fasse en pleine connaissance de cause, dans les meilleures conditions possibles et de la façon la plus juste". Il ajoutait qu'en un tel cas, l'Hydro-

Québec renoncerait en faveur du système municipalisé, gratuitement, à ses intérêts dans la compagnie.

Le comité d'arbitrage, avons-nous dit, devait se composer de 3 membres nommés par la Commission métropolitaine, la Compagnie des tramways et le gouvernement du Québec. Au début de mars, la Commission métropolitaine désignait son représentant, M. Aimé Parent, qui faisait partie du conseil municipal au nom de l'Université de Montréal et avait siégé pendant 7 ans au sein du comité exécutif; le maire Houde lui aurait préféré M. Esdras Minville, président de la Chambre de commerce et directeur de l'École des hautes études commerciales. Pour sa part, la compagnie choisit Me Lucien Gendron, un avocat réputé et ancien ministre dans le cabinet fédéral. Quant au président, le Québec nomma le juge Thomas Tremblay qui avait acquis une précieuse expérience, notamment lorsqu'il avait dirigé le tribunal d'arbitrage chargé en 1945 de l'évaluation des biens de trois importantes compagnies d'électricité expropriées l'année précédente par le Québec, dont la *Montreal Light, Heat & Power Consolidated*.

Le 31 mars, la ville formait à son tour un comité consultatif de 17 membres pour la préparation des dossiers nécessaires à la défense de ses intérêts auprès du comité, que l'on désigna comme tribunal d'arbitrage.

Mais tout ce branle-bas n'allait pas empêcher la Commission des tramways de continuer à siéger, car il faudrait plusieurs mois au tribunal d'arbitrage pour se prononcer. En avril (1948), elle décrétait de nouveaux tarifs. Certaines municipalités décidèrent d'aller en appel de cette décision et Montréal leur emboîta le pas.

Pendant ce temps, les corps publics intervenaient. À la mi-avril, le Conseil des métiers et du travail de Montréal, par la voix de son président, qui siégeait au sein du conseil municipal, présentait à celui-ci, appuyé par 2 collègues qui y représentaient également des mouvements ouvriers, un mémoire recommandant d'adopter immédiatement le principe de la municipalisation, de nommer un comité chargé de dresser l'inventaire de l'avoir physique de la compagnie et d'analyser son avoir aux livres depuis 1911, de même que d'assurer la représentation du Conseil des métiers et du travail au sein du futur comité.

Le mouvement ouvrier entre en scène

Nous avons vu qu'à la fin de mars 1948, la ville s'était dotée d'un comité consultatif de 17 membres chargé de défendre ses intérêts auprès du tribunal d'arbitrage. En juin, le comité, soucieux de se bien documenter, demanda tellement de renseignements à la compagnie que celle-ci mit plus de 2 mois pour y répondre, mais il s'agissait d'un dossier aussi volumineux que détaillé, de sorte que la ville et les autres municipalités concernées demandèrent au juge Tremblay un délai de 3 semaines pour en prendre connaissance et déterminer l'usage qu'on en ferait devant lui et ses collègues.

La ville avait retenu les services d'experts pour analyser les caractéristiques du matériel roulant. Non seulement le rapport comportait-il des données sur tous les tramways en service, mais, dans le cas des autobus et des trolleybus, il mentionnait pour chacun d'eux la distance parcourue depuis son entrée en service, ses caractéristiques pratiques et mécaniques, l'année d'acquisition, le nom du manufacturier, etc. Contrairement aux tramways, rares étaient les autobus datant de plus de 10 ans, ou qui avaient parcouru 500 000 milles. La mise en service des autobus s'était accélérée au cours des derniers mois. Ainsi, la compagnie possédait 175 unités de la série "1 000" au 31 décembre 1947, toutes acquises en moins de 2 ans; depuis lors 50 autres s'y étaient ajoutées.

Avant la guerre, le réseau comptait seulement 7 trolleybus; en 1947, on en avait acquis 40 autres, tous construits par la compagnie *Canadian Car & Foundry*, de même que les 225 autobus déjà mentionnés, dotés de moteurs à essence.

Il est clair que la tendance était au remplacement des tramways par des autobus, mais on se heurtait à des difficultés qu'exposa M. Jules Archambault, ingénieur en chef de la compagnie, en octobre. Compte tenu de la capacité des véhicules, il faudrait 3 autobus pour remplacer 2 tramways. Sur les circuits où la circulation est légère ou de moyenne intensité, autobus et trolleybus peuvent présenter des avantages, reconnaissait-il, mais les tramways demeurent préférables dans le cas des rues encombrées. Si la ville était dotée d'un métro, ajoutait-il, on pourrait supprimer les tramways, mais pas avant.

Le tribunal d'arbitrage avait ouvert ses séances le 27 avril. En octobre, le juge Tremblay et ses collègues entreprirent la visite des grands établissements de la compagnie pour constater de visu l'état du matériel. Elle débuta par la centrale électrique alimentant le centre-ville, l'une des 16 du réseau. Comme l'on se proposait de doter le circuit Amherst de trolleybus à brève échéance, les membres du tribunal d'arbitrage firent l'essai d'un modèle semblable en service rue Beaubien. Puis ils parcoururent le tout nouveau garage construit à l'angle des rues Crémazie et Saint-Laurent, où l'on s'émerveilla de la qualité de l'outillage et du fait que l'on pouvait procéder à la réparation de 36 autobus simultanément.

On continuait, rue Craig, la formation théorique des wattmans; on y possédait d'ailleurs un tramway complet. Au moyen de scènes de rues filmées, on plaçait le candidat aux commandes pour évaluer sa présence d'esprit et la rapidité de ses réflexes, mais c'est au nouveau garage de la rue Saint-Laurent qu'il devait se soumettre à des examens pratiques: la compagnie y possédait des voies d'un mille de longueur.

Lorsque s'effectua cette visite, la compagnie possédait un parc de 997 tramways, 530 autobus et 45 trolleybus.

On avait fait appel à des experts. Le 4 novembre (1948), M. Graene Reid, de la firme York, une société américaine d'ingénieurs, déclara que la compagnie devrait procéder à des échantillonnages plus fréquents de la clientèle. Elle découvrirait, dit-il, que ses services devraient être accrus sur certains circuits et pourraient être diminués sur d'autres sans trop d'inconvénients pour le public voyageur. En diminuant la densité moyenne de la circulation, il serait possible de réaliser une économie d'au moins 100 000$ par an.

Pour sa part, un autre expert de New York, M. James W. Welsh, de la société *Ford, Bacon & Davis*, affirma que la compagnie pourrait économiser 1 250 000$ par an si elle mettait au rancart ses tramways et n'utilisait que des monotrams. Son budget prévoyait un coût d'exploitation de 43,07 cents du mille pour les voitures à 2 employés et de 31,64 cents pour les autres. En 1947, 279 monotrams ont parcouru 34,6 pour cent du total des trajets effectués par les tramways, contre 75 pour cent à Toronto. Dans le cas des grandes villes des États-Unis, la proportion avait été de 66 pour cent.

En tout cas, le tribunal d'arbitrage n'attendit pas la fin de son enquête pour permettre l'accroissement du prix des tickets, qui passa de 4 à 3 pour 25 cents.

À l'automne de 1949, le Conseil des métiers et du travail de Montréal, le Conseil du travail de Montréal et le Conseil central des syndicats nationaux établissaient conjointement un comité afin de prôner la construction d'un métro. On nomma à sa tête M. Claude Jodoin, président du Conseil des métiers et du travail du Canada. Il ne devait pas s'agir d'un corps public chargé de pousser davantage l'expertise déjà acquise, mais d'un comité d'action. Au cours des 30 années précédentes, disait le mouvement ouvrier, tous les aspects techniques d'une telle entreprise ont été examinés en profondeur et les plans ont été ébauchés. Il ne reste plus maintenant que d'imprimer un mouvement à la roue pour qu'elle se mette à tourner. Le président et deux autres membres du comité étaient conseillers municipaux, ce qui leur procurait une tribune additionnelle pour prôner la municipalisation, puis la construction proprement dite du réseau souterrain, dont, disaient-ils, le tiers du coût devrait être assumé par le niveau provincial, celui-ci retirant les revenus découlant des permis de conduire de même que des plaques d'immatriculation de voitures circulant dans des rues dont l'entretien incombait exclusivement aux autorités municipales. Le gouvernement fédéral, ajoutaient-ils, devrait aussi assumer son tiers des investissements nécessaires à la réalisation de l'entreprise.

Une idée qui ne fit pas long feu

Alors que l'on considérait de plus en plus sérieusement la réalisation d'un réseau souterrain de transport en commun, les édiles municipaux étaient invités à se pencher sur une autre solution: le monorail. Déjà, l'ingénieur Léonard Arthur Peto, autrefois de Montréal et maintenant installé à New York, avait suggéré le recours à un tel système, prévoyant la circulation de tramways suspendus à un seul rail, ce qui avait notamment le double avantage de ne pas encombrer les voies publiques et de faire échec aux difficultés de l'hiver, tout en offrant moins de pollution visuelle que les hideux *elevated* dont on se plaignait dans certaines grandes villes.

Si l'on soupesait à nouveau une telle proposition, c'est que, assurait-on, la ville de Los Angeles allait se doter d'un tel réseau de transport en commun. Les promoteurs du projet étaient MM. Ray A. Myers et George D. Roberts, le premier étant président de la *Monorail Engineering and Construction Corporation*. On annonçait que des financiers étaient prêts à investir 20 000 000$ à Los Angeles et que les travaux de mise en place de la structure devant porter le rail débuteraient avant une année.

Les ingénieurs reconnaissaient que le recours à cette formule ne dispensait pas de la nécessité de construire un métro dans tout centre-ville, mais que le monorail pouvait en constituer le prolongement vers les quartiers excentriques. Des circuits d'autobus amèneraient la clientèle aux deux réseaux, souterrain et aérien. On parlait, dans le cas de Los Angeles, de trois lignes dans la ville même et de quatre qui conduiraient à des quartiers de la baie de San Francisco.

M. Roberts expliquait qu'aucune participation financière des villes ne serait sollicitée pour la réalisation de telles entreprises, les investisseurs étant prêts à avancer tous les capitaux contre l'obtention d'une franchise. De telles voitures suspendues, assurait-il, ne font que peu de bruit et ne produisent qu'un minimum de vibration. Grâce à des freins magnétiques, elles s'immobilisent sur de très courtes distances même si elles circulent à 100 milles à l'heure.

La ville de Montréal s'était dotée d'une Commission d'étude des problèmes de la circulation et du transport en commun, mais on doutait de l'intérêt qu'elle porterait à la proposition des ingénieurs américains. Pourtant, on délégua trois personnes en Californie pour examiner les plans de monorails dont la construction était envisagée: MM. Dave Rochon, leader du conseil municipal, Lucien Croteau, du comité exécutif, et C.-E. Campeau, directeur adjoint du service d'urbanisme.

En septembre 1953, des maires et des conseillers municipaux de villes californiennes étaient réunis en congrès à Montréal. Ils se déclaraient étonnés de ce que la ville avait délégué des représentants dans leur état pour étudier des projets de cette nature car, dirent-ils, il s'agissait purement d'initiatives privées. Ni San Francisco ni Los Angeles n'envisageaient la réalisation de telles entreprises. La ville d'Oakland avait bien examiné la possibilité de desservir de cette façon son centre des affaires, mais l'idée avait été abandonnée. Peut-être, souligna-t-on, Los Angeles se prêterait-elle mieux que les autres villes de Californie à la mise en place d'un tel système à cause de lits de deux rivières desséchées qui constitueraient des droits de passage déjà acquis, mais on ne saurait retenir une telle suggestion dans le cas de San Francisco, une ville qui, comme Montréal, se déploie autour de collines.

Vers la municipalisation

À la toute fin de mars 1948, avons-nous rappelé, la ville s'était dotée d'un comité consultatif de 17 membres chargé de préparer les dossiers à soumettre au tribunal d'arbitrage que présidait le juge Thomas Tremblay. Vingt mois plus tard (5 janvier 1950), son sous-comité des finances, que présidait M. John P. Rowat, conseiller municipal, soumettait un premier rapport: la municipalisation du transport en commun produirait un revenu annuel de 12 000 000$, et le surplus d'exploitation suffirait à financer la construction d'un réseau métropolitain.

Le document n'était pas encore destiné au tribunal d'arbitrage, mais bien au comité consultatif, qui demeurait évidemment libre d'en retenir les éléments de son choix.

On envisageait, en fonction de la municipalisation, l'institution d'une commission des transports, de sorte qu'il devenait très difficile, sinon impossible, de définir d'ici là quelque mode d'administration que ce fût et d'établir un programme d'investissements pour la réalisation d'un réseau souterrain.

Une telle commission, cependant, en plus des revenus résultant directement de l'exploitation du service public de transport, bénéficierait de sources additionnelles de rentrées d'argent, de même que de capacités d'emprunt dont jouissent les corps publics. Ainsi, l'organisme n'aurait pas à verser chaque année de taxes s'établissant à environ 1 500 000$. Le taux des intérêts qu'il lui faudrait consentir sur ses emprunts serait inférieur à celui que la compagnie versait à ses actionnaires, soit une économie d'environ 700 000$. Et puis, la nouvelle commission n'aurait pas à assumer certains frais, au montant d'environ 165 000$ annuellement, qui figurent au contrat intervenu entre la compagnie et la ville. Celle-ci reçoit de celle-là 500 000$ par année au chapitre de l'enlèvement de la neige: cette contribution ne sera plus nécessaire, ce qui ne se traduira pas pourtant par une diminution des revenus municipaux puisque la ville trouvera une compensation dans l'accroissement des taxes résultant de la plus-value des immeubles situés le long du tracé du réseau souterrain.

Le document tenait également compte des revenus additionnels découlant de la récente augmentation des tarifs, qui s'établiraient à environ 7 150 000$, dont il fallait défalquer l'accroissement des frais d'exploitation, ce qui se traduirait tout de même, estimait-on, par un surplus de quelque 3 000 000$. Enfin, le sous-comité des finances prévoyait que le prix du billet serait porté de 8-1/3 cents (3 pour 25 cents) à 10 cents, ce qui rapporterait environ 5 500 000$ de plus annuellement.

Le sous-comité ne disposait évidemment pas de données qui lui auraient permis de se prononcer en possession tranquille de la vérité: comment pouvait-il, par exemple, évaluer raisonnablement le coût d'exploitation d'un réseau souterrain? Il soulignait cependant que l'entrée en service d'un métro se traduirait nécessairement par l'élimination de certaines lignes de tramways, ce qui amènerait une diminution notable des budgets consacrés à l'entretien et à l'exploitation des services de surface. Il tenait également compte d'un accroissement du nombre des voyageurs qui emprunteraient le transport en commun à la faveur de l'entrée en service d'un nouveau système aussi rapide.

C'est en tenant compte de tous ces facteurs que le sous-comité en était arrivé à la conclusion qu'un mode de transport géré par l'entreprise publique produirait un surplus d'exploitation de 12 000 000$ qui permettrait de financer la réalisation d'un métro. À un taux de 3 pour cent, soutenait-il, ce surplus permettrait d'emprunter 180 000 000$ en tenant compte de l'amortissement. Et l'on n'aurait pas besoin d'une telle somme dès la mise en route des travaux, car ceux-ci pourraient s'échelonner sur une dizaine d'années.

Mais le sous-comité ne s'était pas penché que sur le transport en commun; il avait aussi examiné les avantages éventuels d'une autostrade qui permettrait d'éviter la congestion de la circulation routière à travers la ville. Il en estimait le coût à environ 60 000 000$ et exprimait l'avis qu'il serait possible d'en tirer des revenus suffisants pour en défrayer non seulement la construction, mais aussi l'entretien.

Voyons comment le sous-comité en arrivait à considérer de façon aussi enthousiaste la réalisation d'une telle entreprise.

Non seulement le péage constituerait une importante source de revenus, mais on projetait d'exploiter l'espace situé au-dessous de l'autostrade tant en y louant des espaces de stationnement qu'en y aménageant des locaux que pourraient occuper garages, entrepôts, industries, etc. Dans le premier cas, 2 000 places occupées par des autos, à raison de 25 cents chacune par jour, assureraient des rentrées d'environ 175 000$ annuellement; dans le deuxième, on prévoyait la location de 3 millions de pieds carrés à un taux moyen de 60 cents, ce qui rapporterait près de 2 000 000$. Compte tenu aussi du péage, le sous-comité estimait que l'ensemble des rentrées couvrirait les intérêts et l'amortissement de l'emprunt nécessaire à la réalisation du projet, de même que les frais d'entretien, ajoutant que si tel n'était pas véritablement le cas, la ville pourrait absorber la différence, l'autostrade constituant une artère principale.

Enfin, le sous-comité avait même préparé un projet de loi que le conseil municipal serait appelé à examiner, puis à soumettre aux autorités provinciales. Il prévoyait l'institution d'une commission qui aurait juridiction non seulement sur le métropolitain, mais sur tout le réseau de surface. Un tribunal d'arbitrage aurait pour tâche de fixer l'indemnité devant être versée à la compagnie en mettant fin au contrat intervenu entre celle-ci et la ville le 28 janvier 1918; il se composerait de 3 membres: l'un désigné par la ville, le deuxième par la compagnie et le troisième choisi conjointement par les deux premiers. Advenant impossibilité d'entente entre ceux-ci dans un délai de 30 jours, le conseil des ministres nommerait à ce poste un juge de la Cour supérieure.

Le 20 janvier (1950), M. J.-O. Asselin, qui présidait le comité exécutif de même que la commission chargée d'étudier les problèmes de circulation et de transport en commun, soumettait donc au conseil municipal un projet de loi prévoyant la mise sur pied d'une commission de transport de même que la construction d'un métro, d'une autostrade et de trois garages souterrains. Il exposait en même temps les avantages de la municipalisation. Le texte porté à l'attention du conseil reprenait sensiblement celui du sous-comité des finances, mais il se complétait d'une nouvelle disposition: dès sa création, la future commission devra se pencher sur les moyens à prendre pour remplacer les tramways par des autobus partout où il serait pratique et économique de le faire.

M. Asselin assortit son exposé d'une comparaison entre Montréal et Toronto, citant de nombreux chiffres à l'appui. La ville, dit-il, serait en bien meilleure posture financière pour se doter d'un métro si, en 1918, au lieu de signer un nouveau contrat avec la Compagnie des tramways, elle avait placé le transport en commun sous contrôle public.

Toronto, dit-il, a acquis en 1921 tout l'actif de la *Toronto Railway Company* et le confia à une commission de transport, qui émit des obligations pour la valeur totale équivalant à l'actif de la compagnie plus celui de lignes de tramways qui étaient déjà propriété municipale et d'améliorations alors en cours, soit 44 112 341$.

Par ailleurs, continua-t-il, le contrat de 1918 entre la ville et la Compagnie des tramways de Montréal établissait à 36 286 295$ la valeur du capital de l'entreprise; or, celle-ci obtenait la garantie de recevoir un intérêt de 6 pour cent calculé sur cet actif et sur le coût des investissements additionnels qu'elle serait autorisée à effectuer pour assurer l'amélioration du service.

Après avoir placé en parallèle les situations financières des réseaux de Toronto et de Montréal, M. Asselin en tirait d'éloquentes conclusions.

Au 31 décembre 1948, la Commission de transport de Toronto possédait un actif fixe de 66 459 070$. Ses placements se chiffraient à 15 340 311$. Son actif courant et autre était de 4 768 605, soit un actif total de 86 567 987$. Son passif consistait en une dette obligataire 6 215 000$ et en un passif courant de 3 351 967$, soit un total de 9 566 967$. En conséquence, le surplus de la commission pour 1948 était de 77 001 019$, alors qu'en 1921, avec un actif fixe de 44 112 341$ et une dette équivalente, sa valeur comptable était inexistante.

M. Asselin exposait ensuite la situation à Montréal. Au 31 décembre 1948, l'actif fixe de la compagnie se chiffrait à 57 301 229$, bien que, d'après la Commission des tramways, il n'aurait été que de 53 011 714$; mais une décision rendue par le tribunal d'arbitrage pouvait accroître ces montants de 9 852 580$. L'actif courant et autre s'élevait à 11 164 660$. Les fonds investis en 1948 étaient de 3 400 000$. L'ensemble de l'actif s'établissait donc à 71 865 889$. Côté passif, la dette nette fondée atteignait 39 447 400$, à laquelle s'ajoutait un passif courant de 6 285 372$ et un capital-actions de 7 000 000$, soit un total de 52 732 772$. La valeur comptable était donc de 19 133 117$.

Or, au 30 juin 1918, l'actif de la compagnie comprenait: 40 999 552$ en actif fixe, 276 587$ en placements et 1 479 146$ en actif courant et autre, soit un total de 42 755 285$. Quant au passif, il s'élevait à 41 946 362$: une dette fondée de 35 613 996$, un passif courant de 2 929 035$ et un capital de 3 403 330$. En conséquence, la valeur comptable, en 1918, s'établissait à 808 923$.

Après avoir cité ces chiffres, M. Asselin comparait les deux bilans. La Commission de transport de Toronto a augmenté son actif de 22 300 000$, ses placements de 15 300 000$ et son actif courant et autre de 4 800 000$. Sa dette a été diminuée de 37 900 000$ et son passif courant a augmenté de 3 400 000$: sa valeur comptable a donc augmenté de 77 000 000$.

Pour sa part, la Compagnie des tramways de Montréal a augmenté son actif fixe de 16 000 000$, ses placements de 3 100 000$ et son actif courant et autre de 9 700 000$, alors qu'elle a augmenté sa dette de 3 800 000$, son passif courant de 3 400 000$ et son capital de 3 600 000$. Sa valeur comptable s'est augmentée de 18 300 000$ contre... 77 000 000$ pour Toronto!

M. Asselin en concluait que la situation financière de la Commission de transport de Toronto, au regard de celle de la Compagnie des tramways de Montréal, s'était améliorée dans l'ordre de 58 680 000$ au cours des 30 années précédentes!

Le président du comité exécutif poussa son analyse beaucoup plus loin, admettant volontiers que la municipalisation du réseau de transport priverait la ville de revenus que lui versait la compagnie, celle-ci lui ayant payé, de 1918 à 1948, 32 255 959$ en taxes, permis, contribution aux frais de déneigement, etc., soit une moyenne d'un million de dollars annuellement, mais, ajoutait-il, cette perte ne serait que temporaire, car elle serait plus que compensée par les revenus découlant de l'accroissement de la plus-value des propriétés situées sur le parcours du futur métro.

Et si la réalisation d'un tel ouvrage devait se traduire par un accroissement des tarifs, le public sera disposé à accueillir cette nécessité en échange de services souterrains et en surface grandement améliorés. "Un tarif de 10 cents, qui ne serait que de 1-2/3 cents plus élevé que le tarif actuel, disait-il, serait accepté par la population et se traduirait par un revenu brut additionnel qui suffirait au financement du coût de réalisation d'un tel système."

Des tickets de métro à 10 cents pièce! S'il a coulé beaucoup d'eau sous les ponts au cours d'un demi-siècle, les rames du métro ont consommé beaucoup de mégawatts pendant la même période!

Enfin, la municipalisation!

C'est probablement ce que se dirent les Montréalais à la fin de mars 1950, car ils entendaient parler de cette mesure depuis belle lurette!

Au moment où le bill de Montréal fut soumis à la chambre s'y affrontaient les envolées triomphalistes et claironnantes du premier ministre Duplessis et les interventions courtoises et pondérées du chef de l'opposition George Marler. Alors que le premier ne laissait jamais passer une occasion de chanter ses propres louanges et celles de son gouvernement, le second n'aurait pas consenti à s'inscrire en faux, pour des fins électoralistes, contre une mesure constructive.

M. Marler, au départ, se déclara favorable à l'expropriation immédiate de la Compagnie des tramways par une commission indépendante du conseil municipal et proposa même que le gouvernement du Québec, dont le bon crédit était reconnu, garantisse la dette que devrait contracter la future Commission du transport, ce sur quoi le premier ministre ne manqua pas d'insister, puisque l'opposition reconnaissait de facto l'excellence de la gestion gouvernementale. Il ne s'agirait que d'une garantie provisoire, ajoutait-il, puisque cette commission serait chapeautée par la Régie des transports.

Prudent, M. Marler reconnut qu'il faudra en arriver éventuellement à la construction d'un réseau souterrain, mais exprima l'avis que l'on ne devrait pas aborder tout de suite cet aspect dans le projet de loi visant à la municipalisation: si on tente de régler tous les problèmes d'un seul coup, insista-t-il, on n'y parviendra pas: il faut procéder étape par étape. Pour la même raison, il suggéra que l'on remît à plus tard le projet d'aménagement d'une autostrade en bordure du fleuve.

Le maire Camillien Houde, qui dirigeait la délégation municipale, insista sur le fait que, depuis 30 ans, la ville de Montréal éprouvait des difficultés avec la Compagnie des tramways; politicien astucieux, il devinait bien que le premier ministre ne manquerait pas de saisir une telle occasion: vous admettrez, rétorqua-t-il en désignant les membres de l'opposition "que vous en avez arraché pendant 27 ans avec ces gens-là!".

M. Houde avança que les débentures émises pour l'acquisition de la compagnie devraient porter la garantie solidaire et individuelle de toutes les municipalités concernées. "Si la totalité de la dette, remarqua le premier ministre, devait reposer sur chaque maison d'Outremont, vous ruineriez la ville!" Le maire proposa que la future commission fût composée de 5 membres: 3 représentant Montréal, 1 qui serait le porte-parole des autres municipalités, le cinquième devant être nommé par le gouvernement provincial.

Peut-être quelque peu décontenancé par l'attitude favorable du chef de l'opposition eu égard au projet de municipalisation, le premier ministre profita de l'occasion pour tourner le fer dans la plaie en ce qui avait trait à l'expropriation de la *Montreal Light, Heat & Power*, ce qui, selon lui, était davantage une confiscation. M. Marler avait proposé l'expropriation des actions de la compagnie plutôt que de son avoir physique. Ceci serait trop compliqué, avança le premier ministre, car "vos amis ont permis une superposition pyramidale de compagnies avec la *United Securities* et la *United Investment*". M. Duplessis rappela que son gouvernement se montrait généreux en s'engageant à remettre à la future Commission du transport toutes les obligations de la Compagnie des tramways qu'elle détenait. "Depuis quelque temps, ajouta-t-il, les actions montent en bourse. Je tiens à dire que nous n'avons pas l'intention de payer plus que ça ne vaut. Il faut avant tout protéger les intérêts de la population de Montréal, et nous verrons à ce qu'ils soient protégés." Il termina en soulignant que le bill, tel que présenté, était trop complexe, ce en quoi il rejoignait l'opinion du chef de l'opposition.

Trop d'opinions convergeaient des deux côtés de la chambre pour que l'essentiel du projet de loi ne fût pas retenu. Les quotidiens du 29 mars (1950) l'annonçaient en grande fanfare. "Montréal reçoit l'autorisation d'acquérir la Montreal Tramways", titrait *Le Devoir* ce jour-là.

On n'attendrait pas l'échéance, en 1953, du contrat de 1918. L'expropriation s'effectuera par l'entremise d'une commission composée de 5 membres. Le bill #100, entériné la veille, sonnait le glas de la Compagnie des tramways. Le conseil municipal de Montréal désignera 3 des membres de la commission, et les municipalités de banlieue, un quatrième. Le président sera nommé par le conseil des ministres, et celui-ci devra approuver le choix du candidat à la vice-présidence. Il y avait là, soulignait l'envoyé spécial du *Devoir*, Louis Robillard, "de grasses prébendes à recueillir: 15 000$, 14 000$ et 12 000$ par année, comme de belles compétences à rechercher, et un nombreux personnel à recruter".

Les commissaires seront nommés pour une période de 10 ans et pourront toucher à leur retraite une pension annuelle de 5 000$. Un amendement proposé par Me Guillaume Saint-Pierre, chef du contentieux municipal, stipulait que dans toute expropriation en matière de transport public, la ville pourra recourir aux dispositions de sa charte, plutôt qu'à celles du code de procédure civile.

Le premier ministre s'était fait le parrain d'un autre amendement au projet de loi: la future Commission du transport, à titre de mandataire de la ville, pourra acquérir de gré à gré le capital-actions de la compagnie pourvu qu'une telle décision fût approuvée au préalable par la Régie de l'électricité.

L'indemnisation payable à la compagnie aura pour base le prix qu'elle a effectivement payé pour les biens expropriés, et dans les cas où il sera impossible de l'établir, sur le prix courant de ces biens au moment de leur achat, en tenant compte des montants versés pour les améliorer et de la dépréciation qu'ils ont subie.

Enfin, la Commission du transport et la ville déposeront un montant de 2 500 000$ auprès du trésorier de la province pour garantir jusqu'à cette somme le paiement de l'indemnité qui sera fixée par les arbitres.

Le projet de loi avait subi d'importants amendements en cours d'examen. Tout d'abord, il prévoyait la construction d'un réseau souterrain, mais le premier ministre avait estimé prudent de procéder étape par étape. D'ailleurs, un tel projet ne pouvait se réaliser sans l'expropriation de la compagnie. Ensuite, la ville ne disposait pas des ressources nécessaires, d'où la nécessité de biffer l'article portant sur ce sujet. Ensuite, M. Duplessis avait proposé la tenue de deux consultations populaires, l'une sur la forme de gouvernement municipal souhaitée par les citoyens et l'autre pour s'assurer que ceux-ci étaient prêts à assumer le coût d'un métro.

De tels référendums auraient risqué de soulever les passions politiciennes et de reporter le principal objectif du bill. Le premier ministre, en accord avec le Conseil législatif, retira sa proposition.

Quant au projet de métro, il demeurait de brûlante actualité, car la future commission du transport aurait l'autorité de s'acquitter des études et des recherches afférentes à l'amélioration du transport en commun, de même que des plans et des spécifications qui leur seraient nécessaires.

"La législature, avançait le *Montreal Star* en éditorial (5 avril 1950), a ramené l'administration municipale à plus de réalisme pratique: elle doit se traîner avant de marcher, mais sans perdre de vue l'objectif: la construction d'un métro. Sinon, elle entendra parler de l'électorat à qui l'on fait miroiter depuis deux ans qu'on est à la veille d'entreprendre la réalisation d'un tel projet."

La compagnie au pilori

On se souvient qu'au début de 1948 avait été créé un tribunal d'arbitrage chargé d'examiner la pertinence de toute augmentation des tarifs du transport en commun si l'on portait en appel une décision que prendrait en ce sens la Commission des tramways. Présidé par le juge Thomas Tremblay, il devait faire rapport au conseil des ministres "en vue d'un règlement approprié, juste et définitif de cette question". Les deux autres membres de ce tribunal étaient M. Aimé Parent, désigné par la Commission métropolitaine de Montréal, et Me Lucien Gendron, représentant de la compagnie.

C'est à la fin d'août 1950 que tomba le rapport, et le verbe ne saurait être plus juste, car la conclusion eut l'effet d'un couperet: "Nous sommes en faveur de la municipalisation de la Compagnie des tramways de Montréal parce qu'elle n'a pas rempli les fins pour lesquelles elle a été organisée et parce que les grandes améliorations qui s'imposent ne peuvent être entreprises par l'initiative privée".

Le tribunal ne ménageait pas les susceptibilités. "Il existe actuellement, précisait-il, une atmosphère de méfiance et même de haine contre la compagnie. Nous osons croire que la municipalisation ferait disparaître ce mauvais état d'esprit, ramènerait la confiance des citoyens de Montréal et des environs dans un système de transport municipalisé."

Document important car, en une douzaine de chapitres, il passait en revue les circonstances de la vente de la *Montreal Street Railway Company* à la Compagnie des tramways de Montréal, analysait le contenu du contrat de 1918 et ses interprétations, examinait l'état du matériel roulant de la compagnie, exposait l'importance du rôle du transport en commun par rapport à l'évolution de la ville, soulignait les problèmes de circulation, abordait les avantages de la municipalisation, étudiait les améliorations possibles du transport en surface, signalait les risques inhérents à la mise en service hâtive d'un métro, donnait un avis au sujet du projet d'aménagement d'une autostrade, etc.

Un examen en profondeur de ce rapport dépasserait le cadre du présent rappel des circonstances qui entourèrent la municipalisation du système de transport en commun, un objectif auquel se rallièrent les deux commissaires qui assistèrent le juge Tremblay. L'une des principales conclusions était à l'effet que la construction d'un réseau souterrain devrait être différée.

La Compagnie des tramways de Montréal, rappelait le rapport, avait été constituée en 1911 dans le but d'acquérir les actifs de quatre entreprises, la *Montreal Street Railway Company*, la *Montreal Park & Island Company*, la *Montreal Terminal Railway Company* et la *Public Service Corporation*. Or, la première était déjà propriétaire des 3 autres, et les directeurs de la première, sauf deux, étaient les mêmes que ceux de la Compagnie des tramways de Montréal. "On peut donc en conclure, avançait le rapport, que les vendeurs et les acheteurs étaient les mêmes. Le capital social de la *Montreal Street Railway Company* étant composé de 100 000 parts communes d'une valeur au pair de 100$, il était donc de 10 000 000$. Or, le total versé aux actionnaires a été de 26 775 000$, soit un profit de 16 775 000$."

La capitalisation de la *Montreal Street Railway Company*, en 1911, comprenant actions communes et débentures, poursuivait le rapport, était de 14 421 863$ et celle de la Compagnie des tramways de Montréal, au 30 juin 1912, de 32 866 863$, une augmentation brute de 18 445 000. En déduisant de cette somme les réserves de la *Montreal Street Railway Company*, qui appartenaient aux actionnaires, nous trouvons que la surcapitalisation nette, le mouillage du capital, à l'occasion de cette transaction, a été de 14 224,280,85$, ce qui, au taux de 5 pour cent, représente une charge annuelle, en intérêts, de 711 214,04$. Tout ceci, disait le document, a été approuvé par la législature du Québec.

Le rapport abordait ensuite le contrat imposé en 1918 à la ville par la législature et préparé par une commission spéciale. Il devait avoir une durée de 36 années et prévoyait un service au prix coûtant plus une rémunération fixe. La compagnie devait recevoir un intérêt de 6 pour cent sur la valeur de son capital établie par des experts sur une estimation de ce qu'il en coûterait pour la construction d'un nouveau système semblable à celui qui était déjà en place.

"Ce montant, soulignait le rapport, ne représentait pas la valeur réelle des biens que la compagnie mettait au service de la population de Montréal, mais celle d'un réseau hypothétique que la ville de Montréal aurait été obligée de construire si celui de la Compagnie des tramways n'avait pas existé." Selon les commissaires, la valeur du capital de la compagnie aurait dû être établie selon l'évaluation de son actif physique, et si l'autre formule avait été retenue, c'était pour en arriver à un montant se rapprochant le plus possible de celui apparaissant aux livres. "Nous voyons là, remarquaient-ils, un des effets de la surcapitalisation de 1911."

Depuis 1918 jusqu'au 31 décembre 1949, la compagnie avait versé 37 752 925,95$ à la ville de Montréal et aux autres municipalités, en taxes, permis et redevances. "Nous considérons, estimaient les commissaires, que le transport en commun dans une grande ville est une obligation des autorités municipales et que celles-ci devraient s'en acquitter au prix coûtant sans vouloir y trouver une source de revenus."

Après avoir reconnu qu'une autostrade aménagée en bordure du fleuve libérerait le centre-ville du camionnage et d'une partie de la circulation des automobiles, insisté sur la nécessité de réglementer le stationnement des voitures et recommandé que la ville procédât le plus tôt possible à la réalisation de plusieurs projets dont l'élargissement des rues Dorchester (aujourd'hui, boulevard René-Lévesque) et Sherbrooke, le rapport reconnaissait les avantages d'un réseau de voies souterraines mais n'osait pas se prononcer, faute de données suffisantes, sur la possibilité qu'aurait la future Commission de transport de Montréal d'assumer l'amortissement et les intérêts de la dette qu'il lui faudrait contracter pour mener à bien une telle entreprise. L'exécution d'un tel projet devrait être retardée sans pour cela que la commission néglige la poursuite des études préliminaires puis la confection des plans nécessaires, afin qu'elle fût prête à procéder au moment jugé opportun.

En juin 1951, la municipalisation du transport en commun était chose faite.

Quelques rimettes d'un usager patient

Il est rare que les questions d'actualité ne trouvent pas leur place dans les *rimettes* populaires. Rappelons-nous, par exemple, celles que turlutait Mme Bolduc à l'époque du chômage des années 1930. Les *p'tits chars* et le métro n'y échappèrent pas. Un citoyen, dont nous ne connaissons que les initiales (L.M.) imagina la pièce suivante:

À cinq heur's, quand la cloche sonne
Bien sûr, ça ne fâche personne,
    Mais du tintouin
    C'nest pas la fin:
Faut maint'nant r'gagner ses pénates,
et c'est un jeu digne de Socrate
Si, comme moi, vous d'vez compter
Sur la Compagnie du Tramway.
Par ces rim's, je veux vous fair'voir
Ce qui s'passe presque chaque soir.

"Fait pas beau dehors, il breumasse,
Y'aura pas des chars en masse,"
Que je me dis en m'installant
Angle Sain-Jacques et Saint-Laurent
Pour attendre le "Notre-Dame"
Qui me mènera vers ma femme.
Y'en pass' de tous les numéros,
Mais de "22", encore zéro...

Mais enfin en voici un crème
Où il reste encore des p'tits bancs.
Mon coeur bat d'un espoir suprême...
Hélas! c'n'est pas l'bon chaland,
C'n'est pas un Notre-Dame, cré tac!
C'est encore un maudit Frontenac!

Ces idiots pensent-ils donc
que tout l'monde reste à Rosemont?
Et que les gens de Tétrauville
Voyagent tous en automobile?
Enfin arrive en criaillant
Un vieux tacot du temps d'Adam,
Comme on met sur notre ligne
Parc' qu'il faut bien qu'on s'y résigne.
Que voulez-vous, c'est l'seul moyen
De s'rendr' chez nous, nom d'un chien!
Mais y est paqu'té, c'est effrayant...
Pas besoin d'dire qu'y'a plus d'p'tits bancs

Bougrin' d'affaire! Y'a même plus d'*strap!*
Pir' que ça, derrière, y a un' grappe
Qui empêche la port' de fermer.
Y'aura pas moyen d'embarquer
Sans risquer un' coupl' de côtes
Et la moitié d'mes boutons d'*coat*!
Alors je me demande, perplex'
Si c'est pas mieux d'attendre le *next?*
Ma décision est bientôt faite
Car, l'animal, y pass' tout drette!

Pendant qu'j'arpente l'trottoir mouillé,
Le nez commence à m'picotter.
Je sens qu'une boul' pouss' dans ma gorge.
En regardant d'La Presse l'horloge,
J'me dis qu'si l'tram vient pas bientôt,
J'aurai sûrement l'rhum' de cerveau
Et qu'ça s'ra pas la compagnie
Qui paiera l'compte d'la pharmacie!

Mêm' les affaires les plus plates
Finissent toujours par finir,
Car à la fin un' vieill' baratte

Consent tout d'même à me cueillir.
J'arrive chez moi fourbu, malade,
Possédé d'un unique désir:
Noyer ma gripp' d'un' limonade
Et dans un bon lit chaud m'enfouir,
Me disant pour m'encourager
Qu'ça finira par s'arranger,
Qu'un jour nous aurons le métro
Mais vrai, de temps, on y met trop!

Circuit par circuit, les braves tramways tirent leur révérence

La commission de transport de Montréal, présidée par M. Arthur Duperron, prit donc la relève de la Compagnie des tramways. En mars 1952, devant les membres du Club des anciens de Sainte-Marie, le président reprenait à son compte les mesures qui avaient été proposées jusque là pour améliorer la qualité du transport en commun. Il fallait libérer le quartier des affaires des voitures qui stationnent dans les rues, spécialement aux heures d'affluence, car la largeur des artères s'en trouve réduite de moitié.

Si l'on essaie de se représenter ce que seront les grandes villes du monde, dit-il, on ne peut raisonnablement les imaginer parcourues par des tramways, car ils n'ont pas la souplesse voulue pour se mouvoir librement. À Montréal, le transport en commun est assuré par 939 tramways, 564 autobus et 80 trolleybus. Or, le réseau possède 261 milles de voies simples: la substitution de l'autobus au tram devra nécessairement s'échelonner sur un certain nombre d'années. Pour remplacer les 939 trams, il faudrait 1 250 autobus, ce qui exigerait non seulement la transformation des remises à tramways, mais la construction de garages. Mais le processus est en cours. Ainsi, dans le cours de l'année (1952), les tramways seront remplacés par des autobus rue Sainte-Catherine, entre les rues Harbour et Viau, et rue Saint-Laurent, entre la rue Craig et le boulevard Crémazie, et ils le seront par des trolleybus rues Iberville et Frontenac, de la rue Notre-Dame à la rue Bélanger.

Notre système, signalait M. Duperron, est le cinquième en importance de l'Amérique du Nord et, si l'on excepte les villes de New York, de Chicago et de Philadelphie, qui possèdent des métros en plus des réseaux de surface, nous nous classons au deuxième rang. En terminant, il assurait son auditoire que la Commission était disposée, après des études et des rapports préliminaires, à élaborer les plans généraux et les devis définitifs d'un système de transport rapide.

La transition dans la gestion du réseau s'accompagna de commentaires généralement favorables. On s'attendait, au conseil municipal, à quelques interventions musclées lors de la présentation du premier rapport annuel de la Commission, mais il n'en fut rien. Une rumeur voulait que les tarifs seraient bientôt augmentés et un conseiller protesta par anticipation, mais on lui répondit que si la compagnie n'avait pas été expropriée, ce serait déjà chose faite.

Des autobus assuraient déjà le service rues Saint-Laurent et Saint-Hubert. En novembre 1953, c'était au tour de la rue Saint-Denis d'être ainsi équipée, depuis le terminus de la rue Craig jusqu'à la rue Émile-Journault. On surveillait de près l'achalandage de ces trois circuits parallèles afin de savoir dans quelle mesure le transport en commun regagnerait la faveur du public voyageur. La Commission se donnait dix ans pour transformer tout le réseau, mais déjà, en 1959, tous les tramways étaient retirés.

La disparition des vieux véhicules brinquebalants n'était pas sans susciter une certaine nostalgie, notamment chez les membres du chapitre de Montréal de la *Canadian Railroad Historical Society*. Ainsi, le 30 octobre 1954, ceux-ci s'offraient une dernière ballade en tramway-remorque. Car, la compagnie, aux heures de pointe, avait mis en service, sur certaines lignes très fréquentées, des voitures non motorisées, que l'on accrochait tout simplement au tramway conventionnel que l'on équipait d'un attelage. Entre 1930 et 1936, elle en posséda jusqu'à 125. C'est D.E. Blair, devenu ingénieur conseil de la Commission de transport, qui avait préparé les plans et devis de ce véhicule, qui apparut en 1914. Le 7 novembre 1954, toutes les remorques avaient été retirées de la circulation, car on les jugeait trop encombrantes. Pour leur dire adieu, donc, les membres de l'association mentionnée plus haut s'offrirent une excursion jusqu'à Montréal-Nord et retour aux ateliers Youville.

L'année suivante, c'est au *Birney* qu'ils rendirent semblable hommage, Précurseur du monotram, ce modèle avait été le dernier à un seul bogie. Lancé en 1914 par la compagnie Brill, de Philadelphie, il était dit "de sécurité", car un dispositif le freinait si le préposé était victime de défaillance, et les portes s'ouvraient automatiquement.

On en avait acheté 14 exemplaires en 1924 pour les circuits Kelly (Henri-Bourassa), Rachel et Stoney Point (Lachine), et c'est avec le *Birney* que pendant plusieurs années les Montréalais eurent accès à la montagne par le chemin Shakespeare (qui prit le nom de Remembrance en 1939). Les ateliers Brill construisirent 5 000 exemplaires de ce modèle, qui mesurait 28' 8" et pesait 16 500 livres.

C'est le 30 avril 1955 que les membres de la société déjà mentionnée s'offrirent une autre ballade, à bord du dernier *Birney*, et cela, jusqu'au Bois-Franc, ainsi que l'on désignait alors le secteur situé à proximité de l'aéroport des Bois-Francs (dont les pistes ont été incorporées au vaste terrain de la compagnie *Canadair*). Le départ s'effectua aux garages de la Côte-Saint-Paul et l'on atteignit la destination via les rues Victoria, Sherbrooke, Girouard et Décarie. Retour en sens inverse.

Incorporée en 1931, la *Canadian Railroad Historical Society* comptait alors 65 membres, tous montréalais, et 80 membres associés habitant à travers le Canada. Elle avait entrepris une collection de véhicules de transport en commun qui comprenait un tram *Birney*, un omnibus sur roues, un autre sur patins, le fameux *Rocket*, premier tramway mû à l'électricité à Montréal, de même qu'un tram datant de 1894. C'était là l'embryon de l'actuel Musée ferroviaire de Saint-Constant.

Le remplacement des tramways par des autobus avait bénéficié d'un nouvel élan avec l'arrivée aux commandes de la Commission de transport, le 16 juin 1951. Celle-ci, à la mi-mai 1955, se proposait d'acheter 400 autobus au cours des 13 mois suivants. À ce rythme, elle envisageait la disparition complète des tramways pour 1959, car avec l'entrée en service de ces nouveau véhicules, il ne resterait plus que 400 tramways à rouler, sur 25 circuits. À la mi-juin 1951, le réseau dont la Commission assumait la gestion possédait 522 autobus; à la mi-mai 1955, ce chiffre était passé à 818, et 250 nouveaux étaient en cours de fabrication; on s'apprêtait à passer commande pour 150 autres. On estimait que les autobus mettaient 10 pour cent moins de temps que les tramways à assurer le service sur les mêmes circuits. Enfin, la Commission prévoyait que vers la mi-mai 1956, il ne resterait plus en circulation que des trams modernes.

Dans le cadre de cette modernisation, le service des trolleybus avait été étendu aux rues Iberville et Bélanger, et on avait déjà procédé à l'enlèvement de rails sur une distance de 25 870 pieds, ce qui ajoutait au coût de la conversion.

Prochaine étape anticipée en ce dernier domaine: la disparition des voies rue Ste-Catherine. Comme on devait mettre les travaux en route au cours de 1956, on prévoyait bien que la saison de 1955 serait la dernière des fameux *p'tits chars en or*, qui faisaient la joie des Montréalais et des touristes depuis un demi-siècle. On invita donc des journalistes et les membres de leur famille à une *dernière* tournée nostalgique, peu avant la fin de juillet (1955), mais les flamboyants véhicules allaient connaître une saison de sursis. Nous en parlons ailleurs.

Le 3 septembre 1956, quelque 200 000 citoyens assistaient au passage des derniers tramways, rue Sainte-Catherine; le défilé en regroupait une dizaine rappelant diverses étapes de l'évolution du transport en commun. Les 2 premiers, des plates-formes servant au transport des matériaux, présentaient des tramways à traction animale. Suivait le *Rocket*, premier tram électrique de Montréal (1892), que montaient deux employés, le wattman Arcade Leboeuf et le percepteur Édouard Simard, qui venaient de prendre leur retraite après 44 et 47 ans de services respectivement. Au début, rappelèrent-ils, il fallait se présenter au travail avec des pinces et un tournevis afin de pouvoir remplacer les fusibles quand il en sautait. La boîte qui les contenait se trouvait suspendue au plafond, au-dessus de la tête de l'opérateur.

Après avoir assisté au défilé, le maire Jean Drapeau souligna qu'en matière de transport en commun, il faut prévoir les besoins. "Dans 20 ans peut-être, dit-il, à l'occasion d'un autre défilé, les Montréalais souriront en voyant passer des autobus qu'aujourd'hui ils admirent: ils seront captivés sans doute par quelque nouveau mode de transport." Les tramways d'antan, qui avaient quitté les cours d'Hochelaga, s'immobilisèrent au tout nouveau terminus Atwater. On songeait alors à réunir éventuellement les différents types de tramways anciens en un musée dont la ville assumerait le coût d'aménagement et qui deviendrait, dans l'île Sainte-Hélène, un attrait aussi important que celui de Baltimore.

Mais, que faire de tous ceux qui ne méritaient pas d'être conservés et qu'aucun système nord-américain n'aurait voulu acheter? Un autodafé! En 1957, une trentaine, vidés de leurs banquettes, de leurs fenêtres et de leur moteur, étaient brûlés, à partir de 5 heures du matin, dans la grande cour située à l'angle des boulevards Saint-Laurent et Crémazie. Ce fut un spectaculaire incendie. Chaque voiture comportait 17 tonnes de fer, 1 200 livres de cuivre et 260 livres de laiton. Or, le prix du métal était alors de 73$ la tonne. On récupéra ainsi environ 36 000$. L'expérience se révéla concluante; aussi la renouvela-t-on à la fin d'août 1959.

Le retrait des tramways se continua au rythme prévu. En juin 1957, ils disparurent du Vieux Montréal, remplacés par des autobus sur les rues Saint-Jacques et Notre-Dame. Au mois de juin de l'année suivante, on les retirait des rues Ontario, Rachel et Davidson. Peu avant la mi-août, il en était ainsi pour le circuit n° 91, entre Saint-Henri et Lachine. À la fin du même mois, le circuit n° 80, rue Bleury, accueillait ses premiers autobus. Enfin, dans les derniers jours de juin 1959, on remisait le dernier n° 17 qui, depuis 1896, assurait le service jusqu'à Cartierville. Le circuit débutait alors près du collège Notre-Dame, dans l'axe du futur chemin Queen Mary. C'est plus tard que son terminus sud fut fixé à Snowdon. Cette ligne avait été très populaire, car elle donnait aux citadins un agréable accès à la campagne. L'été, par les fenêtres, s'engouffraient de rafraîchissantes brises chargées du délicat parfum des fleurs qui émaillaient les champs à perte de vue. Et combien de dizaines de milliers de citoyens le solide n° 17 n'a-t-il pas conduits, au fil des ans, jusqu'au parc Belmont qui, étalé en bordure de la rivière des Prairies, attirait les foules avec ses manèges et ses montagnes russes? Souvenirs d'un autre âge.

Exit, les tramways!

À mesure que les tramways disparaissaient, on procédait à l'enlèvement des rails ou on les recouvrait d'asphalte. Les équipes chargées de la réfection des pavages en retrouvèrent longtemps après, dont on ne soupçonnait même plus l'existence, mais il ne fallait pas négliger de décrocher les fils, car certains malins se montraient fort astucieux et s'en emparaient pour les vendre aux récupérateurs de cuivre; ceux-ci les achetaient à raison de 20 cents la livre. Non seulement Montréal, mais les municipalités de banlieue recevaient la visite nocturne de ces écumeurs. Il fallut même constituer une escouade spéciale pour assurer une surveillance suffisante.

Aux petites heures, le 24 août 1959, des policiers de Ville Saint-Pierre stoppaient deux camions suspects: ils transportaient 3 030 livres de fil de cuivre. Ce premier coup de filet important allait conduire 4 hommes devant les tribunaux.

Le lendemain, 25 août, les Montréalais se retournaient sur le passage d'un *ancêtre*, le n° 274 "Notre-Dame", un tram de la première époque, qui effectuait son dernier voyage, depuis les remises d'Hochelaga jusqu'à celles de la rue Parthenais.

Mais c'est 5 jours plus tard que les tramways tirèrent officiellement leur révérence pour entrer dans l'histoire. Quelque 20 000 Montréalais assistèrent au défilé tout au long du circuit Papineau/Rosemont. Le départ devait s'effectuer à 14 h 30, des ateliers Mont-Royal, à l'angle de la rue Franchère. Les voitures s'ébranlèrent à 14 h 41, ce qui fit écrire au reporter Jean-V. Dufresne, dans *La Presse*, que "fidèles à eux-mêmes, les tramways ont été en retard jusqu'à la fin", constatation bon enfant qui ne se voulait empreinte d'aucune aigreur.

"Dans les rues, rapportait le journaliste, nos robustes grand-mères, leurs filles en pantalons et leurs petits-enfants en jeans avaient risqué le pire. Pour s'assurer de voir les tramways de bien près, on avait tout déménagé, carrosses, glacières portatives et radio transistor." C'était une atmosphère de fête.

Précédés d'une voiture ordinaire et d'un autobus, une quinzaine de tramways évoquèrent les principales étapes du transport en commun sur rails. Tout d'abord, les tramways observatoires. Puis le n° 2222, le plus récent modèle de voiture à 2 employés, le n° 1959, monotram du circuit Outremont qui, depuis 30 ans, portait un matricule correspondant à cette année de *deuil*, le n° 1339, dernier survivant des *chars de la montagne*, le n° 1317, construit à 125 exemplaires en 1912, le n° 997, un véhicule à charpente tout acier datant de 1910, le n° 200, dernière de 5 000 unités à bogie unique construites en Amérique, le n° 8, l'un des premiers tramways ouverts, le n° 274, l'un des premiers véhicules fermés à circuler rue Notre-Dame, les n° 7 et 20, montés sur wagons plats, qui appartenaient à la première *génération* de tramways à traction chevaline, le n° 350 *Rocket*, qui avait inauguré le transport en commun motorisé en 1892, et le n° 3517, l'un des derniers tramways achetés par la compagnie. Fermaient le cortège, les plus nouveaux modèles d'autobus, à suspension pneumatique et à direction assistée, et des camions de dépannage.

Le maire, Me Sarto Fournier, avait pris place aux commandes d'un tramway observatoire, aux côtés de M. Arthur Duperron, président et directeur général de la compagnie. Malheureusement, le firmament ouvrit ses vannes. "À la plus grande joie des marmots qui faisaient claquer leurs pieds nus dans les mares, rapportait encore *La Presse*, les gros messieurs impressionnants qui avaient pris place dans les ostentatoires tramways découverts reçurent le gros de la douche. Ce fut comme au meilleur temps du tram une ruée folle vers les véhicules qui suivaient. Sans billets à percevoir, ils s'emplirent plus rapidement qu'à l'accoutumée, et bientôt l'atmosphère passa des douces effluves du voisin jardin botanique au parfum innommable d'une foule en nage."

Quand le défilé revint aux ateliers Mont-Royal, le maire referma une grille symbolique sur le n° 3517, dont le wattman, M. Osias Desrosiers, comptait 46 années de services. Aux commandes du quatrième tramway électrique, dans le défilé, le n° 1959, se trouvait le wattman J.-P. Saint-Onge (42 années de services), et avant d'en descendre, il s'agenouilla devant son padre, le père Guy Piuze, pour lui demander sa bénédiction. C'est les larmes aux yeux qu'il termina la randonnée, rapporte un autre participant au défilé, M. Denis Latour, qui avait prix place dans le tramway n° 997. M. Latour, un citoyen de Dorval, nous a aimablement fourni des précisions sur cette journée mémorable.

Ce fut la dernière sortie *autonome* du 1959. Au cours des jours qui suivirent le défilé, on le chargea sur un fardier pour le transporter aux ateliers Youville. En 1961, à l'occasion du centenaire des premiers tramways, on l'exposa près des usines Crémazie. Plus tard, on le remit au Musée ferroviaire de Saint-Constant.

Mais le 1959, une semaine avant le défilé, avait effectué un *pèlerinage*: M. Théodule Bonenfant, alors instructeur-chef et le plus vieil employé en uniforme de la compagnie, avait obtenu l'autorisation d'y recourir. le 23 août, pour conduire ses 12 enfants, ses 15 petits-enfants et une demi-douzaine de proches parents à l'église de l'Immaculée-Conception.

Ainsi que nous l'avons mentionné précédemment, plusieurs vieux tramways avaient été brûlés après qu'on en eut récupéré le métal, mais ils ne connurent pas tous semblable sort. Vers la fin de mai 1963, 11 véhicules attendaient leur départ pour les États-Unis, solidement ancrés sur des wagons plats. Ceux-ci s'alignaient sur une voie d'évitement des Chemins de fer nationaux. Des représentants de la *Brandford Electric Railway Association* devait en prendre possession à l'intention du *Sea Shore Trolley Museum*, de Kennebunk (Maine), et du *Brandford Trolley Museum*, d'East Haven (Connecticut). Le journaliste Arthur Prévost dont l'oeil sagace avait aperçu ces pièces de musée juste avant leur départ titrait son reportage: "Nos *p'tits chars* ont pris le train" (*Le Petit Journal*, 26 mai 1963).

Au mois d'août de la même année (1963), on vendait les 17 derniers tramways pour la ferraille. C'est sur des fardiers routiers qu'ils firent leur dernier voyage sans gloire!

Ceux que les temps *héroïques* du transport en commun intéressent peuvent voir quelque *ancêtres* au musée ferroviaire de Saint-Constant. Ils ont été restaurés avec soin, y compris le *Rocket*, qui avait bravement inauguré le transport en commun motorisé à Montréal en 1892.

C'est en 1972 que M. Lucien L'Allier, président de la Commission de transport de la Communauté urbaine de Montréal, inaugura ce musée à bord du tramway n° 8, un véhicule ouvert aux quatre vents qui fit les délices des Montréalais dès les débuts du transport en commun motorisé à Montréal. Le 27 juin 1987, Mme Louise Roy, PDG de la STCUM, inaugura pour sa part la voie qui fait le tour complet de la propriété.

Le trolleybus, une expérience qui dura 30 ans

Montréal fut la première ville canadienne à être dotée d'un réseau moderne de trolleybus.

M. Denis Latour, que nous avons cité au chapitre précédent, rappelle qu'un service expérimental avait été établi à Windsor, Ont., entre 1922 et 1926, et qu'à Toronto, on avait eu recours à quatre véhicules de cette nature sur le circuit Mount Pleasant du 18 juin 1922 au 31 août 1925, alors qu'on leur avait substitué des tramways; curieux retour des choses, de nouveaux trolleybus devaient desservir plus tard le même itinéraire.

À Montréal, les sept premiers trolleybus, de fabrication anglaise et portant les numéros 4000 à 4006 inclusivement, entrèrent en service sur le circuit Beaubien le 29 mars 1937. Après la deuxième guerre mondiale, on en acquit une quarantaine d'autres; c'était en 1947 et ils avaient été construits par la *Canadian Car/Brill*. Cette entreprise reçut deux autres commandes: en 1950 et en 1952.

On finit par juger que même si ce type de véhicule pouvait venir prendre ses passagers au bord même du trottoir et contourner un obstacle sur sa route, il demeurait trop encombrant, mais les opinions étaient partagées à ce sujet. Pour certains, la souplesse du trolleybus était supérieure, dans l'ensemble, à celle des autobus à moteur diesel. Pour les autres, il perdait cette caractéristique si un incendie survenait sur son itinéraire, car il ne pouvait modifier celui-ci.

Avant 1966, les Montréalais bénéficiaient de quatre lignes régulières: Amherst, Beaubien, Frontenac et Bélanger, portant les n°s 1, 26, 94 et 95 respectivement. La première se complétait d'une ligne supplémentaire Amherst/St-Grégoire, de même que la seconde, Beaubien/Iberville. Les trolleybus Beaubien, côté ouest, empruntaient les rues St-Laurent et St-Viateur, l'avenue du Parc et la rue Bernard en guise de boucle pour reprendre leur service vers l'est.

En 1966, le trolleybus dut tirer sa révérence. À la fin de l'année précédente, 103 des 105 véhicules commandés en 1947, 1950 et 1952 étaient encore en service et la Commission de transport de Montréal envisagea la possibilité de les maintenir pour une période additionnelle, mais définitive, de dix années. Le projet fut rejeté. Ils furent retirés le 11 avril (1966) des lignes 94 et 95, puis, le 18 juin, des lignes 1 et 26.

Mais les véhicules demeuraient en bon état de fonctionnement: on en vendit 100 à la Société de transport de Mexico! Le musée ferroviaire de Saint-Constant possède un de ces trolleybus qui servirent fidèlement les Montréalais pendant une trentaine d'années et dont les aînés se souviennent non sans une certaine nostalgie.

Un mal aimé qui reconquiert la sympathie des urbanistes

Au moment où Montréal mettait ses tramways au rancart, on ne se préoccupait encore que fort peu d'écologie. On allait bientôt constater un peu partout dans le monde que le recours à des autobus était source de pollution, alors que les véhicules mûs à l'électricité consommaient une énergie *propre*.

En 1975, à Philadelphie, quelque 500 urbanistes et techniciens en transport se réunissaient afin d'étudier la mise au point d'un "nouveau mode de déplacement", soit d'un véhicule léger sur rails. Quelques rares villes des États-Unis avaient encore des tramways électriques en service. Dayton, Ohio, venait de solliciter de Washington un prêt de 30 000 000$ pour l'aider à construire une voie ferrée d'une vingtaine de kilomètres. D'autres agglomérations, notamment Los Angeles, San Diego et Miami, faisaient preuve d'un regain d'intérêt à l'égard de ce mode de transport en commun. Boston et San Francisco venaient de commander à la *Boeing Vertol Co.,* établie en banlieue de Philadelphie, 275 tramways coûtant 300 000$ pièce. C'était la première initiative de cette nature depuis le début des années '50. Cette société avait produit des hélicoptères pendant la guerre du Vietnam et avait reconverti ses ateliers pour la construction de tramways.

Un réseau pour tramways légers exigeait alors un investissement de 2 500 000$ par mille de longueur, comparativement à 40 000 000$ dans le cas d'un métro de type *lourd*. En 1975, les villes de Los Angeles, Dan Diego, Nouvelle-Orléans, Cincinnati, Baltimore, Portland (Oregon), Rochester (N.Y.), Austin (Texas) et Kansas City avaient conservé leurs tramways. En fin d'année, Boston et San Francisco devaient recevoir les premiers véhicules de ce genre construits aux États-Unis depuis que la *Saint Louis Car Co.* avait livré sa dernière commande en 1952.

Le secrétaire d'État aux transports de France, M. Marcel Cavaillé, de passage à Montréal au début d'octobre 1975, faisait entendre un même son de cloche. Lui qui était en quelque sorte l'ambassadeur du supersonique *Concorde* s'intéressait évidemment à toutes les formules de transport. Or, il déclarait qu'en ce domaine, le plus grand défi qui se posait au monde moderne était le déplacement collectif en milieu urbain. La solution du problème, disait-il, ne se trouve pas du côté des techniques futuristes, mais de la remise en service de moyens anciens comme le tramway.

"Depuis plusieurs années, ajoutait-il, on s'efforce de mettre au point des véhicules expérimentaux de toutes espèces pour le transport en commun: tunnels, voies élevées, trains à traction, etc. Mais ce n'est ni rentable, ni esthétique." Il venait de participer à Washington à un congrès d'experts et se dit d'accord avec la conclusion à laquelle on en était arrivé, soit que le seuil de rentabilité d'un réseau urbain souterrain ne s'établissait que lorsque la population d'une ville atteignait les quatre millions d'habitants. Même à Paris, disait-il, le coût d'opération par passager était le double de celui du ticket, comme à Montréal.

"Le moins cher est encore le transport en surface qui, moyennant certaines conditions, demeure plus esthétique que les voies en hauteur. Or, pour des raisons de pollution et d'efficacité, on se rend compte de plus en plus, sur les tables de travail des planificateurs de l'avenir, que le tram d'antan constitue la meilleure solution: technique éprouvée, classique, fonctionnement à l'électricité non plus par des fils mais par rails et possibilité de concevoir un véhicule moderne, confortable et peu coûteux."

À Montréal, le dernier *refuge* du tramway fut le règlement n° 1319 relatif à la circulation et à la sécurité publique. Cette année-là, alors qu'il fallait en modifier le texte à l'occasion de la conversion du système international des mesures, on en profita pour rayer les dernières mention du tramway... de même que des charretiers!

En 1979 encore, nul autre que le président de la Commission des transports de la communauté urbaine de Montréal, M. Lawrence Hannigan, à l'occasion d'un congrès de la division ferroviaire de l'*American Public Transit Association*, à Montréal, soulevait l'hypothèse d'un retour au tram en face de la possibilité d'une crise permanente dans le domaine du pétrole.

"À l'avenir, dit-il, nous devrons choisir entre plusieurs options technologiques. Il est peut-être vieux jeu de parler d'un retour du tramway, mais de plus en plus de villes y songent, tant aux États-Unis qu'au Canada. Ce que Toronto et Boston leur ont appris à ce sujet, les villes d'Edmonton, Buffalo, Calgary et San Diego l'ont bien retenu. Qui plus est, le succès du tram à Pittsburg, Cleveland et San Francisco justifie sans doute les grands efforts de modernisation qui sont présentement en cours. Il a été démontré que le transport sur rails peut être un catalyseur de l'aménagement urbain."

Dans *La Presse* du lendemain (28 juin 1979), l'éditorialiste Jean-Guy Dubuc commentait les propos de M. Hannigan. "Il ne faut pas sourire: c'est là une solution extrêmement raisonnable, écrivait-il. Le monde occidental s'est placé petit à petit dans une situation de dépendance extrême face au pétrole. S'il y a pénurie ou crise, toute notre économie en est perturbée. Le Québec a pourtant une autre source d'énergie puissante. L'électricité peut nous chauffer, nous véhiculer. Métro, tramway et trolleybus représentent peut-être la plus saine indépendance pour Montréal."

Mais ce regain de popularité du tramway ne reposait pas que sur la menace toujours possible d'un étranglement des sources de pétrole. Huit ans plus tard, une étude poursuivie par un groupe de chercheurs de l'Université de Montréal en arrivait à la conclusion que ce véhicule robuste, économique et *propre* demeurait le favori de plusieurs grandes villes du monde. Appelé à commenter ce rapport, un cadre de la Société des transport de la communauté urbaine de Montréal, M. Jean-Pierre Giasson, précisait qu'en fait, le tramway était présent dans au-delà de 300 grandes agglomérations urbaines du globe. En 1988, disait-il, 50 000 trams circulant sur des réseaux longs de plus de 25 000 kilomètres y ont transporté 20 milliards de voyageurs!

Au cours de la période allant de 1978 à 1988, ajoutait-il, le nombre des réseaux de tramways a plus que doublé. On a conçu des véhicules plus légers que les anciens et les réseaux ne représentent qu'un sixième du coût des lignes souterraines de métro. Il serait faux de croire, assurait-il, que les progrès de la technologie moderne ont détrôné le tramway. Il demeure le juste milieu entre le transport lourd et le transport léger.

Mais si le tramway nous revenait, ce serait sans doute pour relier des banlieues à la périphérie de la cité, d'où le métro amènerait les voyageurs au centre-ville, à moins de bannir complètement les autos du territoire urbain!

L'avènement du métro

Nous avons vu que des personnalités avant-gardistes avaient prôné l'aménagement de voies souterraines pour le transport en commun peu après le début du siècle, non seulement pour régler les problèmes de circulation, mais pour assurer l'essor de la ville. L'électrification du réseau des tramways ne datait encore que d'une quinzaine d'années lorsqu'on proposa d'imiter en cela les grandes capitales qu'étaient Paris et New York. Mais ce métro, les Montréalais devaient l'attendre un demi-siècle!

Ainsi, dès 1910, des entreprises à buts lucratifs sollicitaient des autorités municipales le privilège de doter Montréal d'un tel système de transport, et le maire d'alors, John Edmund Guerin, craignait que si de telles requêtes étaient pilotées à Québec devant le comité des bills privés, on ne tiendrait peut-être pas suffisamment compte de l'autonomie municipale.

Trois ans plus tard, l'échevin L.-A. Lapointe, leader du conseil de la ville, se faisait l'avocat de deux tunnels dont l'exploitation serait confiée à la Compagnie des tramways. Déjà, on se plaignait de la lenteur du service en surface. Le major J.E. Hutchison, gérant de la compagnie, expliquait qu'à chacun de ses arrêts, un tramway perdait 20 secondes, soit 15 pour la décélération et 5 pour l'immobilisation. Jusque là, on pouvait monter dans un véhicule ou en descendre à chaque coin de rue. Il proposait donc d'espacer les points d'arrêt de 600 à 700 pieds: on gagnerait ainsi deux minutes et demie par mille parcouru à une vitesse moyenne de 8 milles à l'heure. Les marchands s'opposaient fortement à cette suggestion.

L'idée d'un métro fit son chemin au fil des décennies. En 1943, un ancien maire devenu conseiller législatif, Médéric Martin, la récupère et la refile à un successeur, le maire Adhémar Raynault. Il faut trouver du travail, dit-il, aux ouvriers lorsque fermeront les usines de guerre et aux soldats démobilisés. La construction d'un métro figurerait avec avantage dans un tel programme et non seulement pourrait-on ainsi abandonner les tramways, mais Montréal se hisserait au rang des grandes villes du monde. Il suffirait, ajoutait-il, d'accorder un tel contrat à une entreprise de façon que le réseau soit opérationnel lors de l'expiration, en 1953, du contrat liant la compagnie à la ville. L'ancien maire prônait en même temps l'annexion à Montréal de toutes les municipalités de l'île.

Au cours des mois suivants, le projet d'une autoroute est-ouest refit surface. ses promoteurs parlaient d'une voie élevée qui aurait franchi le port entre la rue Delorimier et le canal Lachine, au coût projeté de 4 à 5 millions de dollars par mille pour quatre pistes pouvant accueillir 6 000 véhicules, soit 11 000 passagers, à l'heure. Le directeur du service de l'urbanisme, M. Aimé Cousineau, remarqua là-dessus que toutes les recherches effectuées en Amérique du Nord dans les villes d'un million d'habitants ou plus démontraient que le métro demeurait le plus économique et le plus efficace moyen de transport de masse.

Vers la mi-mars 1946, le président de la Compagnie des tramways, R.N. Watt, abondait dans le même sens devant les membres du club Rotary de Montréal. Après avoir établi que 80 pour cent de la population avait recours au transport en commun, que les véhicules transportaient 1 200 000 usagers et franchissaient 140 000 milles par jour, il reconnaissait que seul un métro pouvait être envisagé comme principal élément de solution au problème de la circulation. Selon lui, une ligne nord-sud courant sous le boulevard Saint-Laurent depuis la rue Jean-Talon jusqu'à la rue Craig, vers l'ouest jusqu'au square Victoria puis, en diagonale jusqu'à l'angle des rues Peel et Sainte-Catherine, exigerait des déboursés de 37 949 000$, et une ligne est-ouest passant sous la rue Sainte-Catherine entre les rues Amherst et Atwater, de 22 866 000$. Par le truchement de la compagnie, ajoutait-il, les usagers ont payé en taxes spéciales, depuis le début du contrat en 1918 jusqu'au 31 décembre 1945, 25 839 379,84$, soit 922 385$ annuellement en moyenne. "Si chaque année ce montant avait été déposé dans un compte spécial portant intérêt à 4 pour cent, on aurait eu en mains, le premier janvier 1946, la jolie somme de 44 144 000$, soit près des trois quarts du coût de construction des deux lignes mentionnées plus haut.

À la mi-avril 1947 s'ajoutait aux avis favorables à la construction d'un métro celui de Jacques Gréber, inspecteur au ministère de l'Urbanisme en France et urbaniste-conseil du gouvernement fédéral. Il affirmait, devant les membres du Conseil économique métropolitain, que tous les comptages de circulation démontraient la nécessité de voies souterraines.

Mais ceci ne ralliait pas tous les suffrages. Certains demeuraient persuadés que la solution du problème reposait à la fois sur la construction d'une autoroute et sur l'élargissement des grandes artères. La ville et les Chemins de fer nationaux ont dépensé plus d'un million de dollars pour élargir la rue Dorchester (devenue le boulevard René-Lévesque) entre la côte du Beaver Hall et la rue Windsor (Peel), écrivait le *Standard* (30 juin 1947), et le résultat est que l'on a créé des espaces de stationnement pour une centaine d'autos.

Les journaux emboîtaient le pas. "Le remède, disait l'éditorialiste Eustache Letellier de Saint-Just (*La Patrie*, 24 septembre 1948), se trouve dans la construction d'un réseau de transport souterrain, qui devra être conçu en vue des besoins présents et futurs de Montréal, dans la suppression du tramway et dans l'adoption de l'autobus ou du trolleybus pour le transport en surface une fois le métro construit."

En cette même année (1948), le président du Comité exécutif de la ville, J.-O. Asselin, part pour La Haye afin d'y participer au congrès international des administrateurs municipaux et il se propose d'étudier les métros de Paris et de Londres. Les enthousiastes de la formule souterraine étaient d'avis que celle-ci aurait l'avantage de procurer des abris en cas de guerre. Au retour, M. Asselin les décevait. Lors des bombardements de Londres, on estimait à un million les citoyens qui s'étaient réfugiés dans les *tubes*. L'expérience avait démontré que pour jouer ce rôle, ceux-ci devaient être à une profondeur d'au moins 75 pieds, et que les autres, courant plus près de la surface, constituaient au contraire des cibles: c'est là qu'on avait compté le plus de victimes en un même endroit. Or, ajoutait-il, plus les souterrains sont près de la surface, moins il en coûte pour la poursuite de tels travaux. Et M. Asselin ajoutait que si l'on songeait à des abris, il vaudrait mieux en creuser sous la montagne. On pourrait y recourir pour des fins utiles en temps de paix.

En 1950, devant le comité des bills privés, à Québec, M. Asselin rappelle que la Compagnie des tramways se dit dans l'impossibilité de réunir les capitaux nécessaires à la construction d'un métro et que les gouvernements devront intervenir financièrement. Il recommande de ne pas attendre l'expiration du contrat liant la compagnie à la ville, en 1953, et suggère que la commission que l'on s'apprête à instituer entame des négociations le plus tôt possible avec les détenteurs d'obligations et d'actions. L'avenir de Montréal, dit-il, est en jeu. Les conditions déprécient les valeurs foncières. Il faut à tout prix réhabiliter les vieux quartiers de la ville et dégager les rues.

Les esprits progressistes piaffaient devant la lenteur du cheminement. Ainsi, dans son numéro du 28 juin 1952, *The Montreal Star* exprimait l'avis, dans un éditorial, que les futurs historiens estimeraient que le manque d'imagination et les tergiversations du moment ont été responsables de ce que Montréal soit passé au second rang des villes canadiennes. "Nous sommes fiers, aujourd'hui, écrivait-il, de désigner Montréal comme la métropole du Canada. Attendons jusqu'au prochain recensement pour constater si nous pourrons encore le faire."

La ville de Toronto, ajoutait l'éditorialiste, en poussant la réalisation de son métro, met toutes les chances de son côté de devancer Montréal tant par sa stature que par son développement. "Toronto a maintenant le pas sur Montréal, poursuivait-il. Il y a plusieurs années déjà, la capitale ontarienne a dressé les plans d'un métro qui sera opérationnel l'année prochaine ou l'année suivante. Pour l'usager, ceci représentera une commodité, mais pour les industries et les corporations il s'agira d'un avantage pécuniaire. Quand viendra le moment pour une entreprise de choisir entre Toronto et Montréal pour s'établir, le métro constituera un important facteur de décision." Et il concluait: "Nous sommes dix années en retard sur Toronto dans nos efforts pour faire face aux besoins du jour. Nous ne pourrons pas reprendre ce temps perdu, mais nous ne voyons aucun motif sérieux pour prolonger ces dix années en une vingtaine."

La même année, le colonel S.H. Bingham, président de la Commission de transport de New York, exprimait le même avis devant les membres de la Ligue de progrès civique. "La question, disait-il, n'est pas: Montréal a-t-elle les moyens de se doter d'un métro dont elle a besoin depuis si longtemps, mais plutôt: a-t-elle encore les moyens de s'en passer?" Selon lui, le métro était le meilleur moyen de freiner l'évasion de l'activité commerciale et de la population vers les banlieues.

Mais les progressistes, c'est bien connu, prêchent trop souvent dans le désert. En 1954, la Commission de transport revenait à la charge et prônait la construction d'un métro, mais le comité exécutif disait non. Le président de celui-ci, M. Pierre DesMarais, l'invitait plutôt à s'employer à l'amélioration des conditions de la circulation en surface. La substitution de l'autobus au tramway, disait-il, serait terminée dans sept ans, et l'on envisageait la mise en place de services express, qui ne pourront donner plein rendement si l'on ne synchronise pas les feux de circulation. Enfin, soulignait-il, on parle de la construction d'une voie élevée

La station Angrignon illustre bien le souci qu'ont eu les architectes de recourir le plus possible à la lumière du jour.

à circulation rapide, parallèlement au boulevard Décarie, entre Snowdon et Cartierville.

Pendant que s'écoule le temps, la ville de Montréal se voit dans l'obligation d'assumer des obligations de stature métropolitaine. En septembre 1957, M. J.-O. Asselin, ancien président du comité exécutif, déclare qu'une forme de gouvernement métropolitain devra être adoptée éventuellement. La dette de la ville, dit-il, s'accroît au rythme de deux millions et demi de dollars par mois. Un tel gouvernement devrait avoir juridiction sur le territoire qui s'étend dans un rayon de 25 milles. La nécessité impérieuse d'un système de transport souterrain, affirme-t-il, est une illustration de l'urgence d'établir une telle autorité. C'était le 21 septembre. Quatre jours plus tard, M. DesMarais répétait sa conviction à l'effet qu'il était irrationnel de songer à une telle formule de transport en commun susceptible de fonctionner à des tarifs raisonnables. Il répétait qu'à son avis, l'autobus demeurait la formule de l'avenir.

"Vers 1959, disait-il, tous les tramways auront été remplacés par des autobus. Le boulevard Métropolitain, en cours de construction, sera l'épine dorsale d'un système de transport rapide qui libérera les rues de la ville de ses problèmes de circulation. Montréal a besoin de 20 000 autres espaces de stationnement et nous étudions une politique d'aménagement dans ce sens en fonction d'une nouvelle estimation foncière à l'égard des secteurs commerciaux et financiers. Nous préconisons aussi une réglementation devant obliger les constructeurs de nouveaux édifices à les doter d'aires de stationnement." Fort bien, mais nous savons -aujourd'hui qu'il ne se serait agi là, pour reprendre une formule populaire, que de "cataplasmes sur une jambe de bois".

C'est Jean Drapeau qui allait balayer les fils d'araignée de l'immobilisme en donnant priorité au métro. Dans un éditorial, *La Presse* (28 mars 1961) reconnaissait sa sagesse de donner son attention à cette formule de préférence à celle des autostrades.

La station de correspondance Berri-UQAM est au point de rencontre de trois lignes; elle est dotée de 28 escaliers mécaniques.

"N'oublions pas, y lisait-on, que de 85 à 90 pour cent des travailleurs utilisent les transports en commun, et que c'est à cette masse de population qu'il faut d'abord procurer le moyen de voyager rapidement si l'on veut dégager les rues, surtout aux heures de pointe. Et lorsque ce dégagement se fera en grande partie par des voies souterraines, la circulation en surface en sera déjà améliorée dans une bonne mesure."

L'éditorialiste soulignait qu'en accordant la priorité au métro, le maire et ses collègues n'en négligeaient pas pour autant les problèmes de la circulation en surface, car on abordait un programme d'élargissement de rues dans divers secteurs. "Quant aux grandes autostrades est-ouest et nord-sud, ajoutait-il, elles viendront en temps opportun, mais puisqu'il est à peu près impossible de tout faire en même temps, il est logique de commencer par le plus pressé, c'est-à-dire par le métro, puisque c'est ce mode de transport qui est appelé à desservir le plus gros de la population."

Nous ne saurions, dans le cadre d'un ouvrage aussi modeste, évoquer par le menu le cheminement de la réalisation de ce projet conçu et réalisé au coin d'une technologie ultramoderne, presque futuriste par certains aspects.

Le 3 novembre 1961, le conseil municipal votait un budget de 132 millions de dollars pour la construction d'un réseau de 16 km formé de deux lignes: rues Atwater à Frontenac et place d'Armes jusqu'au boulevard Crémazie. Il fallut bientôt tenir compte de prolongements de l'ordre de 9 km afin de satisfaire aux impératifs découlant de la tenue de l'Exposition universelle et internationale de 1967, ce qui porta le montant total des crédits à 213 700 000$.

Au départ, le Service des travaux publics de la Ville de Montréal fut chargé de la réalisation de l'ambitieux projet, mais on regroupa les ingénieurs et architectes en un Bureau du métro, lequel conçut les plans de 11 stations, ceux de 15 autres étant confiés à des cabinets privés d'architectes et d'ingénieurs. On mit le Service de l'Urbanisme à contribution pour l'implantation et l'architecture des stations, et c'est la Commission de transport qui fut chargée de la coordination du réseau d'autobus avec les futures lignes souterraines. Le comité exécutif de la ville s'était assuré de la collaboration militante de la Régie autonome des transports parisiens. Les rames rouleraient sur pneumatiques afin de bénéficier de la meilleure adhérence dans la montée des rampes et aussi lors du freinage et du démarrage.

Vu les problèmes de l'hiver, le réseau serait complètement souterrain, le plus possible en des tunnels à deux voies pratiqués dans le roc et bétonnés. Là où le roc ne s'y prêterait pas, les tunnels seraient construits en béton armé, en tranchée. Dans le plus possible des cas, le métro roulerait sous le domaine public. Les stations seraient équipées de quais latéraux de 152 m de longueur et espacées en moyenne de 700 m. Les concepteurs eurent au départ une initiative dont nos yeux se réjouissent tous les jours: un architecte serait désigné pour chaque station.

Les Parisiens ont bénéficié bien avant nous d'un métro urbain, mais il faut l'avoir emprunté quotidiennement pour se rendre compte à quel point il a acquis grise mine au fil des générations. Puis est survenu le moderne Réseau express régional, une merveille de la technologie, doté de stations dont certaines sont des *cathédrales* souterraines supportant d'élégants *quartiers* commerciaux: que l'on songe, par exemple, aux stations de La Défense et des Halles. Mais, y a-t-il au monde un métro dont toutes les stations offrent davantage que le nôtre une telle diversité de conception, de décor, d'oeuvres d'art? Aucune d'entre elles ne suscite la claustrophobie, ne donne l'impression que l'on s'est engouffré dans des catacombes. Même le réputé métro de Moscou, avec ses candélabres en cristal, ne parvient pas à nous faire oublier que nous sommes sous terre.

Les grandes verrières lumineuses et hautes en couleur, comme celles de la station Champ-de-Mars, sont une joie pour l'oeil.

L'inauguration du réseau initial, en 1966, devait démontrer que le recours à un roulement sur pneumatiques se traduisait par une absence complète de vibrations pour les immeubles situés au-dessus. Ce réseau était déjà équipé de 125 escaliers mécaniques et de 2 tapis roulants, de même que d'une station de correspondance au point de rencontre de 3 lignes, la Berri-de Montigny, devenue Berri-UQUAM, dotée de 28 escaliers mécaniques et d'un centre commercial.

Dès le début de son exploitation, le 14 octobre 1966, les citoyens ont abondamment utilisé le métro. L'ouverture des stations Bonaventure et Victoria, suivie de l'inauguration de la ligne n° 4, a complété le réseau initial au début de 1967. L'Exposition universelle et internationale devait y provoquer une affluence extraordinaire.

Cet engouement pour le nouveau système de transport en commun allait tôt se manifester par la nécessité de mettre des prolongements en route, mais ceux-ci allaient être entrepris par un nouvel organisme, le Bureau de transport métropolitain, créé à la fin de février 1970 par le Conseil de la toute jeune Communauté urbaine de Montréal qui, lors de sa constitution, le 1er janvier précédent, regroupait les territoires de près d'une trentaine de municipalités de l'île de Montréal.

L'ingénieur qui avait piloté la construction du premier réseau et devait en faire autant dans le cas des prolongements illustrait par une saisissante comparaison, en juillet 1970, à quel point ce système de transport s'avérait efficace. On pouvait ainsi déplacer 50 000 passagers à l'heure dans une direction. Or, disait-il, pour atteindre un tel résultat en surface, il faudrait des autoroutes de 38 voies de largeur, l'une dans le sens de la rue Sainte-Catherine et l'autre dans celui de la rue Saint-Denis!

En février 1971, le Conseil de la Communauté urbaine autorisait un premier emprunt pour la mise en chantier de prolongements.

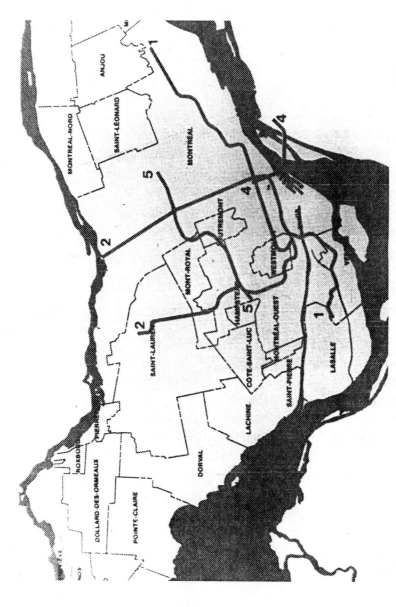

Le métro compte de nos jours 65 stations dont les noms réfèrent à des lieux géographiques en surface, ce qui permet aux usagers de s'orienter plus facilement.

Le montant devait s'accroître à la mi-août 1973, pour être porté deux ans plus tard à 1 596 500 000$, compte tenu de nouveaux projets, de l'adoption de mesures de sécurité additionnelles, etc.

De nos jours, le métro se compose de 65 stations et ses voies s'étendent sur 60,85 km. Près de 300 escaliers mécaniques assurent le confort aux usagers. Le coût de construction des stations a varié à cause de nombreux facteurs, mais c'est la station Berri-UQUAM qui a exigé le plus important investissement: environ 10,5 millions de dollars. Elle s'intègre non seulement à une université, mais à un centre d'achats.

Nous pourrions multiplier les commentaires, mais contentons-nous de souligner deux importantes caractéristiques qui font l'orgueil de la population métropolitaine.

Ainsi que nous l'avons déjà souligné, le métro de Montréal se distingue non seulement par la taille de ses stations, la plupart creusées dans le roc, mais par le souci artistique de son décor. Pour qu'un métro soit efficace, il n'est pas nécessaire d'en jalonner le parcours de quais crasseux auxquels donnent accès des passages étroits et sinueux. Le métro de Moscou et, plus près de nous dans le temps, le Réseau express régional qui relie Paris à sa grande banlieue en sont des illustrations.

À Montréal, non seulement a-t-on le plus possible tiré profit de la lumière du jour, mais on a eu recours à une grande variété de matériaux, et pendant que l'on attend l'arrivée du train, l'oeil se porte sur des oeuvres d'art. Il s'agit souvent d'ailleurs de grandes verrières lumineuses qui nous font oublier que nous sommes momentanément des *troglodytes*. On a fait appel au talent d'artistes réputés tels Jean-Paul Mousseau, Charles Daudelin, Jordi Bonet, Jean Cartier, Marcelle Ferron, Jean Dumontier, Jacques de Tonnancour, et de plusieurs dizaines d'autres.

Dès son entrée en service, le métro était considéré comme avant-gardiste et l'on s'en inspirait déjà ailleurs. Or, l'expérience acquise permit une évolution à l'égard des stations qui devaient s'ajouter aux premières, ainsi qu'en témoignent celles d'Outre-mont et de la Côte-des-Neiges.

Mais le métro de Montréal a une autre caractéristique: il ne donne pas accès qu'à des stations reliées à la surface, mais à une ville souterraine dont la réalisation s'était amorcée avec la construction de l'édifice cruciforme de la place Ville-Marie inauguré en septembre 1962. Trente ans plus tard, à partir des stations du centre-ville, on peut parcourir en sous-sol 30 kilomètres de passages grâce auxquels, entre des rangées de boutiques et en passant par des atriums, on peut accéder à 80 pour cent des bureaux du centre des affaires, à 1 700 établissements commerciaux, à 1 615 logements, à plus de 4 000 chambres d'hôtel, à une université, à 2 gares ferroviaires et à 2 terminus d'autobus.

Cette ville souterraine est non seulement devenue l'un des principaux attraits touristiques de la métropole du Québec, mais elle constitue pour la population une source de grand confort, surtout pendant la saison hivernale.

Elle est loin derrière nous l'époque où, pour permettre aux Montréalais de se déplacer pendant les grandes chutes de neige, il fallait ajouter un ou deux chevaux à l'attelage des tramways se déplaçant sur patins afin de vaincre les congères et de gravir les rampes!

SOMMAIRE

Ouvrages édités et distribués par
Les Publications Proteau

Nº ISBN		TITRE DE L'OUVRAGE	$	COM
2-920369-38-5	(1)	Grand-mère «Toinette m'a raconté» *Lorenzo Proteau*	13,95	_____
2-920369-68-7	(2)	La parlure québécoise *Lorenzo Proteau*	13,95	_____
2-920369-50-4	(3)	Les placoteuses *Lorenzo Proteau*	13,95	_____
2-920369-70-9	(4)	Chu don'fier d'être québécois *Métyvier*	7,95	_____
2-920369-59-5	(5)	Douglas Bravo, le maquisard *Jean Côté*	9,95	_____
2-920369-71-7	(6)	Mes ancêtres *Lorenzo Proteau*	60,00	_____
2-920369-14-8	(7)	Mon dossier confidentiel *Jean Charest*	9,95	_____
2-920369-10-5	(8)	L'Assurance-vie, 500 questions- réponses *Lorenzo Proteau*	14,95	_____
2-920369-12-1	(9)	Le festival des concombres *M.-A. Boucher & Daniel Mativat*	9,95	_____
2-920369-09-1	(10)	Le livre au Féminin, (édition corrigée) *J. Côté & L. Proteau*	19,95	_____
2-920369-07-5	(11)	La sexualité bien expliquée *Dr A. Hébert*	8,95	_____
2-920369-13-12	(12)	Les Nordiques sont disparus *Gilles Tremblay*	8,95	_____
2-920369-15-16	(13)	L'Ile aux oiseaux *Serge Côté*	8,95	_____
2-920369-16-4	(14)	Croqués sur le vif *Métyvier*	8,95	_____
2-920369-17-2	(15)	Bibliographie des contes, récits et légendes du Canada français *Zo-Ann Roy*	14,95	_____
1-921552-09-04	(16)	Dictionnaire pratique des difficultés linguistiques du monde municipal *Antonin Dupont*	14,95	_____

2-920369-37-7	(34)	350 chansons d'hier et d'aujourd'hui *Philippe Laframboise*	19,95	_____
2-920369-36-9	(35)	Les marguerites étaient pour moi (oct. 1993) *Pierre Hébert & Louise Leconte*	13,95	_____
2-920369-49-0	(36)	Parle-moi du Canada (bilingue) *Pierrette Champoux*	16,95	_____
2-920369-47-4	(37)	Raconte-moi Montréal *Pierrette Champoux*	12,95	_____
2-920369-48-2	(38)	La ballade du Québec *Pierrette Champoux*	12,95	_____
2-920369-41-5	(39)	Le pouvoir municipal *Raymond R. Brassard*	24,95	_____
2-921552-06-X	(40)	TOP-POP français *Marc Savoy*	24,95	_____
2-921552-02-7	(41)	La Ronde des mots *Danielle Sandrart*	11,95	_____
2-921552-03-5	(42)	1000 ans de tourisme *Maurice Dupuy*	19,95	_____
2-921552-04-3	(43)	L'incroyable aventure: de l'Orénoque à l'Amazone *Jean-François Diné*	19,95	_____
2-921552-08	(44)	La bonne Dame de Nohant *Michèle Paré*	19,95	_____
2-921552-12-19	(45)	Québec, l'épopée canadienne *(Révisé par Lorenzo Proteau)*	24,95	_____
2-921552-14-0	(46)	Les Ranvoyzé-Rousseau Une liasse de lettres retrouvées *Lise C. St-Hilaire*	29,95	_____
2-921552-13-2	(47)	Vers l'Au-delà *Michelle Lalumière*	19,95	_____
2-921552-05-1	(48)	Donald Pollock, 18 In - 18 Out (v. anglaise)	24,95	_____
	(48A)	**Édition de luxe** *Donald Pollock*	26,95	_____
2-921552-15-9	(49)	Donald Pollock, 18 ans a l'ombre, 18 ans apres (v.française) (oct. 1993)	24,95	_____
	(49A)	**Édition de luxe** *Donald Pollock*	26,95	_____
2-921552-16-7	(50)	L'agenda du golfeur (février 1994) *Lorenzo Proteau*	14,95	_____
2-921552-17-5	(51)	Le calendrier du siècle (mai 1994) *Lorenzo Proteau*	14,95	_____